超訳
ケインズ『一般理論』

山形浩生 編・訳・解説

東洋経済新報社

Portrait of John Maynard Keynes ©The Bridgeman Art Library/amanaimages

本書は、山形浩生による『雇用、利子、お金の一般理論』（ジョン・メイナード・ケインズ著）の超訳である。
原題は、*The General Theory of Employment, Interest and Money*
初版は1936年に、Macmillan Cambridge University Press for the Royal Economic Society
より刊行された。

はしがき

時は１９３６年。第一次世界大戦が終わって喧噪の１９２０年代を迎え、繁栄を謳歌していた世界経済は、１９２９年のウォール街大暴落に端を発する大恐慌から一向に回復できずにいた。失業率は20パーセントを超え、その後少しは落ち着いたものの高止まりを続けていた。そして……当時の経済学は、その理由をまともに説明できなかった。

主流の経済学は、これは大恐慌で市場の仕組みが乱れたせいなのだ、と論じていた。好況時に積もった在庫がハケれば、雇用は自然に回復するのだ、と。が、実際の在庫を見ても、別に在庫が過大というわけでもない。それでも失業は改善せず、不景気は続いた。

一部の人は、これがバブル期に羽目をはずして騒いだ代償なのだ、と論じていた。「山高ければ谷深し」とか、説教がましいことを言って悦に入っていた。つまりは我慢しろということだ。でも、どう見ても代償を支払わされていたのは底辺労働者で、羽目をはずして騒いでいた人たちではなかった。そして、我慢しろといっても、いつまで？

意識の高い知識人たちは当時もいまと同じくそうした人の不幸を大喜びして、「それ見ろ、これは資本主義の限界を示すものであり、これからは社会主義の時代なのだ」と鼻高々だったが、なぜこんな大恐慌が起きたのか、社会主義だとなぜそれが起こらずにすむのかについては、まともな説明はできなかった。

さらに一部の人は、もう経済の仕組みが変わってしまったのだ、と論じた。18世紀のすばらしい技術革新の時代が終わり、また人口増加率も激減してきた。だから経済成長が当然の時代は終わり、長期停滞の時代がやってきたのだ、もはや経済学はいまの不景気を新常態とする新しい理論体系へと移行すべきだ、と。が、具体的には？

そこに忽然と――でもなく、この本の登場はかなり前から予告されていて、なんかすごい本が出るぞ、という評判は十分に広まっていたのだけれど――登場したのが本書『雇用、利子、お金の一般理論』、通称『一般理論』だった。

本書は経済学史上――人によってはあらゆる社会科学分野史上――で最も重要で影響力

の大きい本とすら言われる。この本は、第二次世界大戦後の世界の経済政策を一変させ、そして社会における政府の役割も徹底的に変えた。

そしてもちろん、本書は経済学という分野をよくも悪しくも震撼させた、革命的な本だ。前述したように、それまでの経済学は基本的に、市場が何でも解決する、と述べていた。何かが余っても値段が下がって自然に解決する、失業はすぐなくなる、と考えた。

だが本書は失業というものが一時的な過渡期のあだ花などではなく、定常的に存在し得ることを説明し、そしてそれが金利を通じてお金の市場に左右されること、さらにそのお金の市場は将来の不確実性にビビって現金を持ちたがる人々の思惑で決まってしまうという理論を、まとまった形でほぼ初めて示した。そして個々の人や産業だけを考えるのではなく、ある経済を全体として考えるマクロ経済学の枠組みを初めて示した本となる。

その理論が正しいと考えるかどうかは、人による。本書が基本的には正しく、おかげで経済学が現実的な有効性を取り戻し、世界は救われたと考える人もいる。その一方で、一部の人にとって本書は悪魔のささやきだ。本書によって、第二次世界大戦後の「大きな政府」が正当化されてしまい、民間の純粋な需給をまったく無視した見当ちがいの市場介入と公共投資、さらに中央銀行のへっぽこ金利操作が横行して市場の働きが徹底的に乱され、それが目先では効果を上げたように見えても、実はさらなる危機の種を蒔き、世界経済をますます大きな危機へとたたき込んでいる——そう考える人にとって、ケインズと本書こそが諸悪の根源となる。

そのどっちが正しいか、という話はみなさんご自身の判断にお任せしよう。解説では、そのための材料も提供する。ただ、いったいそこでのケインズの理屈＝『一般理論』の理屈というのはどういうものなのかについては、ざっとわかっておいて損はない。

本書はこの『一般理論』の超訳／抄訳となる。原文をかなり端折った、ということだ。が、世に出回っている、かなりいい加減でまとめ人の勝手な書き換えだらけの超訳／抄訳とは一線を画した（つもりではある）。その方針としては以下の通り：

- 原文の重要な論理の流れを重視する。それに伴う附随的な説明や脱線、引用は削る。
- なるべく原文を重視しつつも表現の現代化を図る。古い大仰な言い回しで意味がとりにくくなっている部分は現代的に書き直す。

- 小ネタや有名用語は、原文の文脈がわかるようにその部分を全部残す。

でも、そこで言う「原文の重要な論理の流れ」とは何か？　ぼくは以下のようなものだと考えている。

1　雇用、特に労働は名目賃金が簡単に下がらない。だから価格を通じた市場での需給調整はきかない。

2　その場合、雇用は経済全体の総需要で決まる。これが経済の供給能力より低いと失業が起きる。

3　総需要は、消費と投資に分けられる。

4　消費は、かなり一定だ。だから需要が十分かどうかを左右するのは投資だ。投資が足りなければ、政府が公共投資をして補うべきだ。

5　民間の投資は、投資プロジェクトの期待収益率と金利で決まる。期待収益率が金利より高いプロジェクトが実施される。

6　期待収益率は、あまりはっきりわからない。株式市場もその評価のあてにはならない。

だから投資を増やすには金利を下げるべき。

7　金利は、人々が流動性＝現金を手元に持ちたがると上がる。
中央銀行がお金を刷って人々に配れば、みんな満足するので金利は下がる。

8　現金をどのくらい持ちたがるかは、実体経済とは連動しない。
だから失業がなくなる水準まで金利が自動的に動いたりはしない。
失業があるほうが一般的で、完全雇用のほうが特殊なのだ！

これ自体、特に異様なものとは思えないはずだ。というのも、アベノミクスを含め、いまの多くの経済政策は、基本的にこの理屈に沿って行われているからだ。不景気なら、中央銀行が金融緩和をして金利を下げ、投資を促進しよう。さらに政府が財政出動をして需要をかさ上げしよう——こうした政策はまさに、このケインズの『一般理論』に基づいたものだ。

本書ではこの流れをハイライトできる部分をできる限り選び、通読して理屈が通るようにしてみた。もちろん、少し古い文だし、どこまでわかりやすくできるかは限界もある（なぜ本書がわかりにくいかについては、巻末で少し詳しく説明した）。が、まずはお読みいただこう。

超訳　ケインズ『一般理論』

もくじ

ジョン・メイナード・ケインズ

『雇用、利子、お金の一般理論』超訳

The General Theory of Employment, Interest and Money

編訳者の解説

ジョン・メイナード・ケインズ

『雇用、利子、お金の一般理論』超訳

The General Theory of Employment, Interest and Money

序文

この本は主に、経済学者仲間に向けたものです。他の人にも理解してもらえればとは思います。でも本書の目的は経済学者たちに対し、自分たちの基本的な前提の一部を批判的に再検討するよう説得することです。

私が「古典派理論」と呼ぶものに強くこだわる人々は、私がまるでまちがっているという信念と、目新しいことは何も言っていないという信念の間でゆれ動くでしょう。ちがいを際だたせようとするあまりケンカ腰が強すぎるようならお許しを。この私だって、かつては自分がいまや攻撃している理論に自信を持っていたし、たぶんその強みを知らないわけでもないのですから。

本書の構築は著者にとって、脱出のための長い闘いでした。そして読者に対する著者の攻撃が成功するなら、読者にとっても本書は脱出に向けた長い闘いとならざるを得ません——それは因習的な思考と表現の形からの脱出なのです。ここでくどくど表現されている発想は、実に単純で自明だと思います。むずかしいのは、その新しい発想自体ではなく、古い発想から逃れることです。その古い発想は、私たちのような教育を受けてきた者にとっては、心の隅々にまではびこっているのですから。

J・M・ケインズ

1935年12月13日

第1章 一般理論

The General Theory of Employment, Interest and Money

この本に『雇用、利子、お金の一般理論』という題をつけたとき、強調したかったのはこの「一般」という前振りです。こういう題名の狙いは、私の議論や結論の特徴を、経済についての古典派の理論と対比させることです。古典派理論の公準は特殊ケースにだけあてはまり、一般の場合にはあてはまらない、というのが私の主張です。だから経験上の事実に適用したら、古典派理論の教えはまちがった方向を示して散々な結果を招いてしまうのです。

第2章 古典派経済学の公準

The General Theory of Employment, Interest and Money

| point |

本章は、ケインズ経済学が否定しようとした古典派の理論についての概説と批判。

● 「賃金は、労働力の需要と供給で調整されるはずで、賃金引き下げに労働者が同意しないから失業が続く」というのは、何でもいいから仕事をくれという失業者があふれていた

大恐慌当時の状況から見ておかしい。

●「作ったものはいずれ売るしかないので、供給は需要を作り出す」という話はおかしい。

雇用の古典派理論——単純で自明なものとされています——は、二つの基本的な公準に基づいていますが、それについてのきちんとした議論はありません。その公準とは具体的に以下の通り：

1　**賃金は、労働の限界生産に等しい：**

つまり、雇われた人の賃金は、雇用が1ユニット減らされたときに失われる（生産物の）価値に等しいということです。

2　**賃金の効用は、その量の雇用による限界的な負の効用と等しい：**

つまり、雇われた人物の実質賃金は、実際に雇われている労働量が、喜んで働こうとするのに過不足のない（これを見極めるのは、雇われた人々自身です）水準となる、ということです。

この公準は、「摩擦」失業とでも言うべきものにあてはまります。というのも、これを現実的に解釈すると、継続的な完全雇用の障害となるような、調整における各種の誤差が無理なくおさまるからです。たとえば、専門技能の量についての計算ミスや需要の断続性のおかげで、一時的な不一致が起きるための失業などです。あるいは、予測外の変化の結果として生じる時間的な遅れによる失業、あるいは、ある仕事から別の仕事への転職にはどうしても多少の遅れがあるので、静的でない社会では、リソースの一部は転職中の「仕事の合間」で失業している、といったことです。

「摩擦失業」に加えて、この公準は、労働ユニットが働くのを拒否したり働けなかったりする「自発失業」にもあてはまります。たとえば、法制度や社会慣習や、団体交渉のための団結、またはありきたりな人間の引っ込み思案からくる、変化への反応の遅さ、限界生産性に対応した製品の価値に見合う報酬を受け入れたくない場合などがそれにあたります。でも古典派のこの公準は第三のカテゴリー、つまり以下で「非自発」失業と定義するものは認めません。

でも人々が一般に、いまの賃金水準で働きたいと思うだけ働けていることがほとんどない、という事実を前にしたとき、前述のカテゴリーですべてだというのは本当なのでしょうか？実際には、仕事の口さえあれば、いまの名目賃金でもっと多くの労働力が喜んで働くのはまちがいありません（訳注：これは大恐慌の時期で、世界中に失業者があふれていたことに注意）。古典派はこの現象と折り合いをつけるのに第二公準を持ち出します。失業者がいるのは、低賃金では働くまいという労働者間の公然または暗黙の合意によるものであり、もし労働者が全体として名目賃金引き下げに合意すれば、もっと多くの働き口も出てくる、というわけです。

でも不況を特徴付ける失業が、労働者による名目賃金引き下げの受け入れ拒否によるものだという考え方は、事実面で明らかに裏付けられてはいません。１９３２年アメリカでの失業が、名目賃金引き下げを受け入れない頑固な労働者のせいだったという主張はかなり考えにくいものです。労働者の最低限の実質賃金要求や、労働者の生産性が目に見えて変わらないのに、雇用の量は大きく変動します。労働者が、好況時よりも不況時のほうが頑固だなどということはありません――正反対です。物理的な生産性も下がったりしません。こうした経験からの事実は、古典派の分析が適切かどうかを疑問視する、明らかな根拠となるのです。

つまり古典派理論は、完全雇用下での分配理論でしかないのです。それを非自発失業の問題に適用するのは、まったくまちがっているのは明らかです。古典派教義の第二公準は投げ捨てて、厳密な意味での非自発失業があり得る体系のふるまいを見極めなくてはならないのです。

古典派理論の第二の公準には、二つの反論があります。一つは、労働者の実際の行動に関係します。名目賃金はそのままでも物価上昇（インフレ）で実質賃金が低下した場合、その賃金で働く気のある労働者の供給は、物価上昇以前の水準と比べて特に下がったりしません。下がると想定するなら、いまの賃金水準で働きたいのに失業している全員が、生活費がちょっと上昇しただけで、就職する気を失う、と想定するに等しいことです。これは、正統学派の一味がみんな暗黙に想定していることでもあります。

でももう一つ、もっと根本的な反論があります。これは今後の章で明らかにするものですが、実質賃金の一般水準は賃金交渉の成り行きで直接決まる、という想定に対する否定から出てくる議論です。賃金交渉が実質賃金を決めると想定することで、古典派は禁断の想定に陥ってしまいました。というのも、労働者全体として、名目賃金の総水準を現在の雇用量に伴う労働の限界的な負の効用と一致させる手法などまったくなさそうだからです。事業者との賃金改定交渉により、実質賃金を労働者が全体として引き下げる方便は存在していないかもしれません。これが私たちの論点です。実質賃金の全般的な水準を決めるのは、主に他の何らかの力なのだということを示していきましょう。これを明らかにする試みが、本書の主要テーマの一つとなります。

またもう一つ、古典派経済学者たちは、供給が独自の需要を作り出す、と教えてきました。

つまり生産費用のすべてが経済全体では必然的に、直接にせよ間接にせよ、その経済で作られる製品の購入に費やされなくてはならないということです。

こういう考え方をする人は、錯覚にだまされているのです。その錯覚は、根本的にちがう二つのものを、同じであるかのように見せてしまいます。その人々は、現在の消費を控える決断と、将来の消費をもたらそうという決断との間に結びつきがあると誤って仮定しています。でも後者を決める動機は、前者を決める動機とは、何ら単純な結びつきを持っていないのです。

まとめると、古典派理論が順番に以下の前提に依存していることを示しました：

- 実質賃金は、既存の雇用の限界的な負の効用に等しい。
- 厳密な意味での非自発的な失業なんて存在しない。
- 供給はそれ自身の需要を作る。つまり産出と雇用がどんな水準だろうと、需要総額は供給総額に等しい。

これらはすべて同じことであり、そしてどれもまちがっているのです。

第3章

有効需要の原理

The General Theory of Employment, Interest and Money

| point |

本章は、ケインズ経済学のベースとなる「有効需要」の概念を述べる章。経済全体で見ると、その期の総需要は、みんなが消費する分と、みんなが投資する分の合計。これが有効需要。そして有効需要が雇用の量を決める。それが少ないと失業が起きる。

ある一定の技術、リソース、雇用1ユニットあたりの要素費用が与えられたとき、雇用の量は、個別企業の場合でも経済全体の場合でも、事業者たちがそこから得られるつもりの売上に依存します。

雇用が増えると社会全体の総実質所得が増えます。総実質所得が増えると、社会的な心理のせいで総消費も増えますが、所得の増分すべてが消費にまわるわけではありません。ですから、ある雇用量を正当化するためには、雇用がその水準にあるときに、社会が総生産のうち、消費して余った部分を吸収するだけの当期投資が必要だ、ということになります。すると、社会の消費性向が一定とすれば、雇用の均衡水準（つまり事業者たちが全体としての雇用を減らしも増やしもしたがらない水準）は、当期投資量に依存するということになります。そして当期の投資量は、こんどは投資の誘因と呼ぶものに依存します。そして投資の誘因は、資本の限界収益率と、各種の融資期間やリスクを伴った融資金利の複合物になります。

だから消費性向と新規投資がわかれば、均衡を実現する雇用水準は一つしかありません。この雇用水準は、完全雇用を上回ることはありません。つまり、実質賃金は労働の限界的な負の効用を下回ることはできません。でも、一般にそれが完全雇用と等しくなるべき理由もありません。有効需要が完全雇用をもたらす水準になるのは特別なケースで、消費性向と投資誘因がある特定の関係にある場合にのみ実現されます。この特定の関係は、古典派理論の想定に対応したものだし、ある意味で最適な関係ではあります。でもそれが存在し得るのは、偶然にせよ計画的にせよ、当期の投資が、完全雇用時に得られる産出の供給総額と、完全雇用時に社会が消費したがる分との差額にちょうど等しい金額になる場合だけです。

この理屈を整理すると…

- ある一定の技術、リソース、費用の下では、所得（金銭的な所得と実質所得の両方）は雇用量で決まる。
- 社会の所得と、社会が消費に使う金額は、その社会の心理的な特徴で決まる。これを**消費性向**と呼ぶ。消費性向が変わらない限り、消費は総所得の水準、ひいては雇用水準に左右される。
- 事業者たちが雇用する労働量＝雇用量は、その社会が消費に使う量と社会が新規投資に使う量で決まる。この合計が**有効需要**。だから均衡での雇用量は、有効需要次第となる。
- **雇用が増えると消費にまわる金額も増えるが、社会全体の所得ほどは増えない。**すると経済システムは完全雇用以下で安定した均衡に達することになる。

ですから雇用量は、古典派が述べるように労働の限界的な負の効用で決まるのではありません。有効需要が不足すれば、雇用の増加は理論的にも実際にも足踏み状態になりかねません。有効需要の不足は、労働の限界生産が、まだ雇用の限界的な負の効用を上回っているにもかかわらず、生産プロセスを阻害してしまうのです。

さらに、社会が豊かなほど、潜在的な生産能力と実際の生産量とのギャップは大きくなりがちです。貧しい社会なら、産出の相当部分をどうしても消費せざるを得ませんから、ごくわずかな投資でも、完全雇用を実現できます。でも豊かな社会では、その金持ちの成員たちの貯蓄性向が、貧しい成員たちの雇用と整合するためには、ずっと多くの投資機会を見つけなくてはならないのです。

第4－5章

期待が生産量と雇用を決める

The General Theory of Employment, Interest and Money

| point |

第3章で、雇用は消費と投資で決まることを述べた。でもどのくらい作るか、どのくらい投資するかという雇用に直結する話は、生産者の期待や見通しに左右される。

この第4－5章では、投資の定義と単位を明確にしたうえで、そこに作用する期待について考察する。特に、長期の期待というのは単に短

期の期待の積み重ねではなく、別物であることが指摘される。

あらゆる生産は、最終的には消費者を満足させるのが目的です。でも、生産者が費用を負担する時点と、最終消費者がその産物を買う時点との間では、時間がたっています。事業者は、実際に産物を供給できるようになった時点で、消費者がいくら支払う用意があるか、最高の予想（期待）を立てる必要があります。

個別企業が日々の生産を決めるときの行動は、**短期期待で決まります**。でも資本設備の追加や、流通業者への卸売りは長期期待に大きく左右されます。

さて一般に、期待の変化が雇用に影響を与えるには時間がかかります。もしある期待の状態が十分な時間だけ続いて、雇用に対する影響が完全に出尽くしたら、それはその期待状態に対応した長期雇用だといえます。期待はしょっちゅう変わるので、実際の雇用水準は、既存の期待状態に対応した長期雇用に到達する暇は決してないかもしれません。期待が変化すると新しい長期的立場への継続的な移行プロセスは、過去の期待変化の影響がいろいろ重なってかなりややこしいこともあります。

それでも、耐久財の場合には、生産者の短期期待が投資家の現在の長期期待に基づいていることはお忘れなく。そして、長期期待の性質として、実現した結果に基づいてしょっちゅう見直したりはできないのです。さらに第12章で長期期待をもっと詳しく見るときに検討しますが、長期期待は突然変わったりします。ですから現在の長期期待という要素は、実績によって近似的にさえ排除したり、置き換えたりはできないのです。

第6−7章

所得、貯蓄、投資の定義

The General Theory of Employment, Interest and Money

point

第6−7章では各種概念の定義を行い、それらの相互関係について明確にしている。特に経済全体として見た場合に、貯蓄と投資が等価となることを強調し、マクロ経済学の基礎を構築し始めている章となる。

事業者の**所得**は、当期に売却された完成品の価値のうち、原価を上回る部分として定義できます。つまり事業者の所得は、生産規模に応じてその事業者が最大化しようとするものの量、つまりごく一般的な意味での総利潤に等しいというわけです。

次に**有効需要**というのは単に、事業者たちが、現在提供しようと決めた雇用量に基づいて、受け取ると期待している総所得（または売上）のことです。これは他の生産要素に対して支払う所得も含みます。

貯蓄は、所得のうち消費を超える分を意味する、という点は特に異論がないでしょう。また**当期投資**というのは、その期における生産活動の結果として得られた、資本設備の価値に対する当期の追加分ですが、これは明らかに、いまここで貯蓄として定義したものと同じです。というのもそれは、その期の所得のうちで消費にまわらなかった部分だからです。

したがって、貯蓄の量は個々の消費者の集合的な行動の結果だし、投資の量は個々の事業者たちの集合的な行動の結果ですが、この二つは必然的に等しくなるのです。というのも、そのどちらも所得が消費を上回る分だからです。

貯蓄量と投資量の等価性は、資本設備の生産者と、その反対にいる消費者または購入者との取引が**双方向的なもの**だという性質からきます。

貯蓄と投資が等価だという事実と、他人がどんな投資をしていようとお構いなしに、個人は好きな額を貯蓄できるという一見した「自由意志」との間で折り合いをつけるには、貯蓄というのが基本的には支出と同じく、双方向の行為だという事実を考えましょう。というのも、ある個人がいくら貯蓄しても、それはその当人の所得にはあまり影響しませんが、その消費が他人の所得に与える影響を考えると、あらゆる個人が同時に貯蓄を増やすことは不可能になるのです。消費を減らして貯蓄を増やそうとする試みはすべて所得に影響し、必然的に自滅的な結果となります。もちろん同じように、社会全体として当期の投資金額より少ない額を貯蓄するのも不可能です。そんなことをしようとしても、必然的に所得が上昇して、結果として個人が貯蓄しようとする金額の合計は、投資額とまったく同じ数字になってしまうのです。

似たような議論として、だれでも手持ち現金の量を好きなときに変える自由があるのに、なぜ個人の残高を足し上げたお金の総額は銀行システムの作り上げた現金総量と完全に一致してしまうのか、という話も出てきます。それが等しくなるのは、人々が手元に置く現金の量が、実は所得や、現金保持の自然な代替物となるモノ（主に証券）の価格と独立ではない、という事実のせいです。したがって、所得やそうしたモノの価格は必然的に変化し、やがて個人が新しい所得と価格水準の下で保有する現金量の総額は、銀行システムが作った現金の量と等しくなるのです。これぞまさに、金融理論の根本的な主張です。

これらの主張はどちらも、買い手がいないと売り手もあり得ず、売り手がいなければ買い手もいない、という事実だけから出てくるものです。市場に比べて取引量の小さい個人は、需要というのが一方的な取引ではないという事実を無視してもまったく問題ありません。でも総需要でそれを無視すると、まったくのナンセンスになります。これは社会総計としての経済行動理論と、個人単位の行動理論との決定的な相違です。個人ならば、その人自身の需要変化はその人の所得には影響しないのです。

第8–9章 消費性向

The General Theory of Employment, Interest and Money

point

雇用は有効需要で決まり、有効需要は消費と投資で決まる。その中で第8–9章は、消費が客観的な要因（実際の所得変化など）と主観的な要因（各種の用心や不安）に左右されることを論じる。ただし結局、消費はだいたい総所得の一定割合であまり変わらない。とはいえ全体の中では大きいし、それを減らすような財政規律論などはダメだとも指摘される。

本書の分析の最終目的は、雇用量を決めるのが何かをつきとめることです。いまのところ、雇用量というのは総供給関数と総需要関数との交点で決まる、というとりあえずの結論は確立できました。そして全体としては、これまで見すごされてきたのは総供給関数ではなく総需要関数の果たす役割です。

総需要関数は、ある雇用の水準を、その雇用が実現するはずの「収益」と関連付けるものです。「収益」は、二つの量の合計で構成されます――消費にまわされる金額と、投資にまわされる金額です。この二つの量を左右する要因は、かなりちがいます。

社会が消費に使う額は、大まかに主観的な要因と客観的な要因に分けられます。主観的な要因は、異常事態や革命でもない限り短期では大きく変わりにくいものです。一般に、主観的要因は所与のものとしましょう。そして所得の中で消費にまわされる割合、つまり消費性向は、客観的要因の変化だけに左右されるとしましょう。消費性向はかなり安定した関数なので、総消費は主に総所得の量(どちらも賃金単位で計測)に依存します。消費性向自体の変化は二次的な影響でしかないと考えられます。

ちなみに総需要は、現在の消費か、将来消費のため現在行う準備からしか出てきません。有意義な形で現在準備ができるような未来の消費というのは、無限に先送りはできません。社会全体として将来の消費に備えるには、金銭的な方便ではダメで、現在物理的に何かを生産するしかありません。私たちの社会と企業組織が、「将来のための財政的な用意」を、「将来のための物理的な用意」と別枠で考えてしまい、前者を実現しようとする努力に後者が伴わなければ、財政規律は総需要を減らすことになり、したがって厚生を悪化させてしまいます。

不思議なことに、一般の人々は道路建設や住宅建設といった**公共投資の場合にしか**、この究極の謎について認識しないかのようです。公共的な機関が投資をすることで雇用を増やすという仕組みに対する反対論として、将来に禍根を残すという説がしょっちゅう持ち出されます。「将来の横ばいとなる人口に必要なはずの、住宅も道路も市役所も電力網も水道もあれもこれも作りきってしまったらどうするんだ?」と尋ねられます。でも、同じ困難が民間投資や産業の拡大にもあてはまることは、あまりよく理解されていません。特に後者の場合は顕著です。というのも、個別には大したお金を吸収しない新工場や新プラントの場合、住宅に比べて需要がすぐに満たされてしまうのは明らかだからです。

そういうわけで、主観的・社会的なインセンティブの背景はゆっくりとしか変わらないし、また金利などの客観要因変動の短期的な影響は二次的な重要性しかありません。すると消費の短期的変動は、主に所得を稼ぐ速度の変化のせいであって、ある所得に対する消費性向の変化によるのではない、という結論が残ります。

でも、一つ誤解には気をつけましょう。右で言っているのは、金利のちょっとした変化が**消費性向に**与える影響は小さいのが普通だということです。だからと言って、金利変化が**実際の**貯金額や消費額に小さな影響しか与えないということではありません。正反対です。金利が実際に貯蓄される絶対額に与える影響はきわめて大きいのですが、その方向性は通常考えられているのとは**正反対です**。というのも、高い金利によって将来所得が増えるという魅力が消費性向を減らしがちだとしても、金利上昇で実際の貯蓄額は減るのがほぼ確実だからです。というのも総貯蓄を左右するのは総投資だからです。

金利上昇は、**所得が変わらなければ**もっと貯金を促すかもしれません。でも金利が上がって投資が減退すれば、所得は理屈上でも実際面でも変わります。絶対に所得は下がって、貯蓄余力が低下し、それが高金利による貯蓄刺激を完全に相殺します。人々が立派で、倹約家で、国や個人の財務において頑固に保守的であるほど、金利が資本の限界収益率に比べて上がったときの所得低下幅も増大します。そこで頑固になっても、罰があるだけでごほうびはありません。というのも、この結論は不可避なのですから。

第10章 限界消費性向と乗数

The General Theory of Employment, Interest and Money

| point |

雇用は有効需要で決まり、有効需要は消費と投資で決まる。このうち投資は乗数効果があるので、投資による直接雇用の何倍もの雇用が経済全体で発生する。だから失業をなくすためには投資を増やすのが効果的だ、と本章は論じる。

だから失業時には、無駄でもいいから公共投資を増やすべきだ、ピラミッド建設でも無意味な黄金採掘でも、最悪ならお金を埋めて掘り返

すだけでもいい、という有名な主張がこの章では行われる。

どの状況についても、所得と投資の間には明確な比率（これを**乗数**と呼ぶことにします）が決まるし、少し単純化すれば、総雇用とその投資で直接雇われた雇用（これを**一次雇用**と呼びましょう）との間にもその乗数が決まるのです。

でも乗数の話に入る前に、**限界消費性向**というアイデアを紹介しておきましょう。産出が1増えたときに、それが消費と投資でどう山分けされるかを示す数字です。そしてここから総投資が増えたときに、所得は投資増分の何倍増えるかがわかります。これが投資乗数です。

つまり社会の消費心理が所得増分のたとえば9割を消費したがるなら、投資乗数は10になります。たとえば公共事業の増加で引き起こされる総雇用は、投資が別の方向に減らされないとすれば、公共事業自体がもたらす一次雇用の10倍になります。

一般的に言えば、人々は総所得が増えている場合にしか貯蓄は増やしません。ですから増えた所得の一部を消費しようという人々の努力は、産出を刺激して新しい所得水準（と分配）が投資の増分に対応できるだけの貯蓄余力をもたらします。必要な追加貯蓄をしてもらうために必要な実質所得増をもたらすには、雇用をどれだけ増やすべきか教えてくれるのが乗数です。そしてこれは、人々の心理的傾向の関数となります。もし貯蓄がクスリで消費が（訳注：それを飲むための）ジャムだとすれば、追加のジャムは、追加のクスリの量に比例する、というわけです。

以上から、もし限界消費性向が1よりあまり小さくなければ、投資がちょっと変動しただけで、雇用も大幅に上下します。でも同時に、投資をほどほどに増やすだけで完全雇用は実現できます。一方、限界消費性向がかなりゼロに近ければ、投資がちょっと上下動しても、雇用の上下動は同じくらい小さなものとなります。実際の限界消費性向は、この両極端のどこか間にいて、ゼロよりはずっと1に近いようです。結果として私たちは、ある意味で両方の悪いところ取りをしているに等しく、雇用の上下動はかなり大きいのに、完全雇用を実現するための投資増分は大きすぎてなかなか実行できないことになっています。

いままでの議論は、消費財産業が総投資の変化を、資本財産業と同じく十分に早い時期に予見した場合の話でした。そこでは消費財の生産量が増えて、それに伴い収穫逓減により価格が下がります。それでおしまいです。

でも一般には、きっかけとなる資本財産業の産出増が完全には予見されていない場合を考えねばなりません。すると明らかに雇用に対する影響が出尽くすまでにはしばらくかかります。でもタイムラグなしであらゆる時点で連続的に成立する論理的な乗数理論と、資本財産業で起きた拡大が、タイムラグを持って、しばらくたってからじわじわ効いてくる場合の結果との間で、いささか混乱を引き起こすようです。

この両者の関係をはっきりさせるため、まず予見しきれない資本財産業の拡大は、総投資額を即座に増やすものではなく、総投資額をじわじわと増やすように効いてくるのだ、ということを指摘しましょう。そして第二に、それによって一時的に限界消費性向が通常値からずれるかもしれないことも指摘しましょう。ただし、その後それはだんだん通常値に戻ってきます。

ですから、資本財産業での拡大は、ある程度の時間をかけて数期にまたがる形で総投資が生じるように進行します。でもその間の各期で、乗数理論はきちんと成立しているのです。つまり、総需要の増分は、総投資増分と、限界消費性向で決まる乗数の積となっているのです。予想外の変化が雇用に影響しきるには時間がかかるのだ、という事実は、ある状況では重要になります——特に事業サイクル（訳注：景気循環）の分析に使われる場合には。

このため失業が激しいときには、かなり効果の疑わしい公共事業ですら、失業手当が減る分だけ考えても投資額の何倍分もの見返りをもたらしそうです。でも完全雇用に近づけば、その公共事業は効果が怪しくなってきます。さらに、完全雇用に近づくと限界消費性向が下がるという想定が正しいなら、投資を増やすことで雇用の増分を確保するのは、ますますむずかしくなってきます。

非自発的な失業が存在するとき、労働の限界的な負の効用は、必然的に限界生産物の効用よりも小さくなります。それどころか、きわめて小さいかもしれません。長く失業していた人物にとって、何らかの労働は負の効用を持つどころか、正の効用を持つかもしれないのです。もしこれが認められれば、「無駄」な借り入れ支出なるものが、実はそれでも全体としては社会を豊かにするのだ、という理由が前述の説明でわかります。ピラミッド建設、地震、戦争ですら、我が国の政治家たちが古典経済学原理の知識のせいで、もっとましなものを実施できないようであれば、富を増やすのに貢献してくれるかもしれません。

おもしろいことですが、異様な結論から何とか逃れようともがく常識は、**部分的に**無駄な借り入れ支出より、**まるっきり**「無駄」な借り入れ支出のほうを好みがちです。部分的に無駄な借り入れ支出は、完全には無駄でないために、純粋な「事業」原理に基づいて判断されがちです。たとえば、借り入れで失業手当をまかなうほうが、市場金利以下の建設融資を行うよりも受け容れられやすいのです。金の採掘と呼ばれる、地面に穴を掘る活動の一形態があります。これは世界の真の富に一切貢献しないどころか、労働の負の効用をもたらすものですが、これがあらゆる解決策で最も受け容れられやすいのです。

もし財務省が古いビンに紙幣を詰めて、適切な深さの廃炭坑の底に置き、それを都市ゴミで地表まで埋め立て、そして民間企業が実績抜群の自由放任原則に沿ってその札束を掘り返すに任せたら（その採掘権はもちろん、紙幣埋設地の借地権を買ってもらうことになります）、もう失業なんか起こらずにすむし、その波及効果も手伝って、社会の実質所得とその資本的な富も、現状よりずっと高いものになるでしょう。もちろん、住宅とかを建設したりするほうが、理にはかなっています。でもそれが政治的・実務的な困難のために実施できないというのであれば、何もしないよりは紙幣を掘り返させるほうがましです。

いまの話は、現実世界の金鉱とまるっきり同じです。黄金が適切な深さで採れる時代には、経験的に見て世界の富は急激に拡大します。そして楽に手に入る黄金が少ないと、富は停滞または衰退します。ですから文明にとって、金鉱は最大の価値と重要性を持っています。ちょうど政治家たちが正当化できると考える大規模な借り入れ支出の唯一の形態が戦争だったのと同様に、金の採掘は銀行家たちが堅実な融資先として受け容れる、穴掘りの唯一の口実だったのです。そしてこのいずれの活動も、進歩においてそれなりの役割を果たしてきました——それよりましなものができなかったから、ではあるのですが。細かい話を一つすると、不況時に黄金の価格が労働や原材料に比べて上昇する傾向は、その後の景気回復に役立ちます。もっと深いところから黄金を掘っても引き合うようになり、収益性のある金鉱石の品質の下限も下がるからです。

黄金採掘は実に有用な投資形態となっています。理由は二つあります。まず、それがもたらすギャンブルの魅力のおかげで、そのときの金利にあまりとらわれずに実行されます。第二に、その成果である黄金のストック増大は、他のものとはちがってその限界効用を減らす効果を持ちません。住宅の価値はその効用で決まるので、家を一軒追加で建てるごとに、その後の住宅建設から得られる見込み賃料は下がります。したがって同時に金利も下がっていない限り、同様の投資に対する魅力も下がっていきます。でも黄金採掘の成果はこの欠点を持っていません。

古代エジプトには、消費によって人のニーズに応えるのではなく、したがって増えすぎて価値を失うこともない果実を生み出す活動が二つありました。貴金属探求に加えて、ピラミッド建設です。そのような活動を二つも持っていた古代エジプト社会は二重の意味で幸運だったし、その名高い豊かさはまちがいなくこうした活動のおかげです。中世社会は大聖堂を建設して葬送歌を歌いました。ピラミッド二つ、死者のためのミサ2件は、それぞれ一つの場合より2倍よいものです。でもロンドンからヨークへの鉄道が2本あっても、2倍よいことにはなりません。ですから私たちは実に賢くて、堅実な支出者に近づこうとして己を教育し、子孫が暮らす家を建てる際にもその子孫たちの後世の「財政」負担について慎重に考慮したりするようになり、そのおかげでいまや失業の苦しみから逃れるための、ピラミッドや大聖堂づくりなどの手段を持ち合わせなくなってしまったのです。私たちがそうした失業を受け容れるしかなくなってしまったのは、個人を「豊かにする」よう見事に計算された方針を、国の行動に適用した不可避の結果なのです。その方針は、個人がいつ行使するともはっきり意図していない、享楽の可能性をため込むためのものなのですから。

第11章

資本の限界収益率

The General Theory of Employment, Interest and Money

| point |

失業を減らすには、有効需要を増やすための投資が有効だ、というのがこれまでの議論。本章からは、その投資を増やすための手段が論じられる。

社会全体の投資は、投資で見込まれる収益率が金利よりも高いと起こるのだ、というのが本章の主張。つまり投資を増やしたければ投資収益率の見込み／期待を高める方法と、金利を下げるという手がある。

投資をして資本財を買うのは、その資本財が壊れるまでに生み出す産物を販売し、そこから運転費用を差し引くことで得られる、一連の収益見込みを買っていることになります。資本の限界収益率というのは、その資本の寿命期間中の収益から得られる一連の年次利益を、その供給価格と等しくするような割引率です。こうした限界効率の最大のものが、資本全般の限界収益率と見なせます。

もしある種類の資本に対し、ある時期に投資が増えたら、その種の資本の限界収益率は投資の増加につれて減少します。一つにはその種の資本供給が増えると見込み収益は下がるからで、一つには一般に、その種の資本製造設備に需要圧力がかかって、供給価格が上がるからです。したがってそれぞれの種類の資本について、限界効率がある値にまで低下するためには、その期間内に投資がどれだけ増える必要があるかを示す、関係表を作れます。さらに様々な種類の資本についてそうした関係表をとりまとめれば、総投資の大きさと、その投資額が実現する資本全般の限界効率とを関連付けた一覧表が作れます。これを投資需要関係表、あるいは資本限界効率の関係表と呼びましょう。

さて当然のこととして、当期の実際の投資額は、もはや限界収益率が現在の金利を超えるような固定資産が残されていないところまで増えます。言い換えると、投資額は、資本の限界収益率が市場金利に等しいところまで増えます。

すると投資を促すには、投資収益率に左右される部分と、金利に左右される部分があることがわかります。資産の見込み収益だけわかっても、金利はわからないしその資産の現在価値もわかりません。金利はどこか別のところから持ってこなければなりません。そしてそれができて初めて、見込み収益を「資本化」してその資産の価値を評価できるようになるのです。

資本の限界収益率は、きわめて重要です。将来についての期待は、金利よりもこちらの要因を通じて現在に影響するからです。経済の未来が現在と結びついているのは、耐久設備が存在しているという理由のおかげなのですから。

第12章 長期期待の状態

The General Theory of Employment, Interest and Money

| point |

失業を減らすには、有効需要を増やすための投資が有効だ。投資を増やすための手として、投資の収益率を上げる方法をこの章では検討する。

が、もともと投資プロジェクトの収益見通しなんてだれにもわからない。みんな自分の勝手な思い込みや勢い（アニマルスピリット）やそのときの根拠レスな気分に支配されているだけ。収益見通しを冷静に分析す

るはずの株式市場も、実は美人コンテスト並みの腹の探り合いによる投機に堕し、目先の流行に流されている。だから期待収益率の評価改善で投資を増やすのはつらい、と本章は述べる。

第11章で、投資の規模は、金利と、現時点でのいろいろな規模の当期投資に対応した資本の限界収益率で決まることを見ました。資本の限界収益率は、資本的資産の供給価格と、その見込み収益の関係で決まります。本章では、ある資産の見込み収益を決めるいくつかの要因を、もっと詳しく検討しましょう。

見込み収益の期待の元となる検討事項は、一部は大なり小なり確実にわかっている既存の事実に左右され、一部は当たるも八卦で予測するしかない将来の出来事に左右されます。前者の中には、既存の各種資本的資産のストックや、資本的資産全般のストック、既存消費者の需要などがあります。後者としては、資本的資産のストックの種類や量、消費者の嗜好の将来変化、検討している投資の寿命中の各時点で、有効需要がどのくらい強いか、その寿命中に名目賃金単位がどう変わるか、といったものがあります。後者をカバーする心理的な予想を、**長期期待の状態**と呼びましょう――これは短期の期待とはちがうものです。短期の期待とは、生産者が既存工場で今日生産を開始したときに、完成した製品がいくらで売れるかを推定する根拠となる期待です。

期待を形成するとき、多少は自信が持てそうな事実に流されるのは、無理からぬことです。このため長期期待の形成にあたっては、現状についての事実が、ある意味で分不相応なほどの重みをもって入り込んできます。一般的な手法は、現状を見てそれをそのまま将来に延ばすことで、それを補正するのは、変化を期待すべき多少なりとも明確な理由がある場合に限ります。

自信の状態それ自体について、あまり言えることはありません。私たちの結論は、主に実際の市場や事業心理の観察に頼る必要があります。だからこそ、ここからの脱線は、本書の大部分とは抽象度がちがうのです。

考察の便宜のため、以下の自信／安心の状態をめぐる議論では、金利変化はないものとします。そして、以下のセクションでは、投資価値の変化がひたすら、その見込み収益期待の変化によるもので、その見込み収益を資本化する金利の変化にはまったく左右されないものとします。でも金利変化の影響は、自信状態の変化による影響に簡単に重ね合わせることができます。

ひときわ目立つ事実として、人が見込み収益を推定するときには、きわめてあぶなっかしい知識を根拠にするしかない、ということがあります。何年か先に投資の収益を律する要因についての人々の知識は、通常は皆無に等しいのです。正直言って、鉄道、銅鉱山、繊維工場、特許薬の事業権、大西洋横断客船、ロンドンシティの建物の、10年先の収益を予測するための知識ベースは、ないも同然です。いや5年先ですら同様です。実は、本気でそんな推計をしようとする連中はあまりに少数派で、その行動が市場を左右することはありません。

昔の事業は、実際にそれを実施する人物や、その友人や仲間などが主に所有していました。当時の投資を左右したのは、事業こそ我が命と張り切るような、楽観的な気質と建設的な衝動を持つ個人が十分に供給されるかどうかだったのです。そういう人々は、見込み収益の厳密な計算なんかまじめに見ません。そうした事業は一部は宝くじのようなものでしたが、最終的な結果は、マネージャーたちの能力や人柄の優劣にもかなり左右されてきました。

民間事業に投資しようという判断は、昔は社会全体にとってはもとより、その個人にとっても、ほぼ後戻りのできない決断でした。今日のように所有と経営の分離が一般化してしまい、組織化された投資市場が発達すると、それは時に投資を促進しますが、時にはシステムの不安定性を大いに高めます。証券市場がなければ、いったん実施した投資を後からチマチマ再評価しても意味はありません。でも証券取引所は、すでに実施済みの多くの投資を毎日のように再評価します。その再評価は、個人に（ただし社会全体は無理ですが）自分の投資決断を改定する機会をしょっちゅう与えます。

でも、証券取引所による日々の再評価は、主に古い投資の個人間取引を支援するために行われるものですが、どうしても当期の新規投資にも決定的な影響を与えてしまいます。なぜなら、似たような既存事業が買えるのに、それより高い費用で新規事業を立ち上げるのは無意味だからです。一方で、もし株式市場に上場してすぐに利益を得られるならば、新規プロジェクトに想像を絶するような金額をつぎ込むだけの誘因も生まれます。したがって、ある種の投資は専門事業者によるまともな期待に基づくのではなく、株価にあらわれた、証券取引所で取引をする連中の平均的な期待に左右されることになります。では、このような日ごと、時には時間ごとの既存投資再評価がきわめて重要なら、それは実際にどのように行われているのでしょうか？

実際の世界では、人々は一般に、ただの**慣習でしかないもの**にすがろうと暗黙のうちに合意しています。その慣習の本質——ただしそれはもちろん、そんなに単純には決まらないのですが——は、変化を予想すべき具体的な理由がない限り、現状が無限に続くと想定することです。この慣習的な計算手法は、人々が**その慣習を維持しそうなら**、かなりの継続性と安定性と一貫性を持つものではあります。でも習慣は、物事がこれほど恣意的であることを考えれば、それなりの弱点があってもおかしくありません。こうした不確実な部分が、投資を十分確保できないという現代の問題に、かなり貢献しているのです。

この不確実性をさらに強化する要因に、いくつかざっと触れておきましょう。

1　社会の総資本投資の中で、実際にその投資物件を管理運用せず、その状況について、現状だろうと見通しだろうと何ら特別な知識を持たない人が所有するエクイティ部分がだんだん増えてきました。その結果として実際に投資物件を所有したり、買おうとしたりする人が評価するときに、本当の知識に基づく部分は深刻に減っています。

2　多数の無知な個人の群集心理の結果となる世間的な評価は激しく変動しかねません。そうした評価を安定に保つような、確信の強い根っこがないからです。特に異常時には、状況が絶対に変わると予想すべき明確な根拠がなくても、現状がいつまでも続くという仮説が説得力を失い、市場は楽観論と悲観論の波に翻弄されます。

3　専門エキスパートたちの競争によって、自前の無知な投資家の気まぐれなど矯正されるだろうと思うかもしれません。でも実は、専門投資家や投機家たちのエネルギーや技量は、主に別のことに向けられているのです。というのもこうした人々のほとんどは、実は投資の寿命全体にわたる、見込みの高い収益の長期予測を改善しようなどとは思っていないのです。むしろ世間的な評価基準の変化を、一般大衆よりもちょっと早めに予想することにばかり血道をあげているのです。

ですから専門投資家は、体験的に市場の大衆心理に大きく影響しそうな変化を、ニュースや気運から予測することに専念するしかありません。これは「流動性」なるものを念頭に組織された投資市場の結果として、避けられないものです。正統ファイナンスの公理として、流動性フェティッシュほど反社会的なものは絶対ありません。これは投資機関として、自分のリソースを「流動的な」証券保有に集中させるのが、立派な美徳であるというドクトリンです。これは、社会全体として見れば流動的な投資などはない、ということを忘れています。技能の高い投資の社会的な狙いは、未来を包むときと無知の暗黒力（フォース）を打破することであるべきです。でも今日の高技能投資が持つ実際の私的な狙いとは、アメリカ人たちがいみじくも言う「出発合図を出し抜く」、つまり群衆を出し抜いて、悪い、価値の下がるババを他の連中に押しつけることなのです。早すぎもせず遅すぎもしないタイミングで「スナップ」と言った者の勝ち、ゲーム終了までにババを隣の人にまわせば勝ち、音楽が止まったときに自分の椅子が確保できれば勝ち。こうしたお遊戯は、熱心に楽しく遊べますが、でも参加者全員が、ババがまわっていることは承知しているし、音楽が止まったらだれかは椅子なしになることも知っているのです。

あるいは、たとえをちょっと変えると、専門投資家は百人の写真から最高の美女六人を選ぶといった、ありがちな新聞の懸賞になぞらえることができます。賞をもらえるのは、その投票した人全体の平均的な嗜好にいちばん近い人を選んだ人物です。したがってそれぞれの参加者は、自分がいちばん美人だと思う顔を選ぶのではなく、他の参加者たちがよいと思う見込みが高い顔を選ばなくてはならず、その他の参加者たちも、まったく同じ視点でその問題に取り組んでいるのです。自分の判断として、だれが本当に最高の美女かを選ぶ、という話ではないし、平均的な意見で見たらだれが美人と判断されるか、という問題でさえありません。平均的な意見が、平均的な意見は何になると考えるかを予測しようとして、みんなが頭を使うという第三段階に到達しているのです。たぶん第四段階、第五段階、それ以上の予測を実践する者さえいるはずです。

でも最高のまともな長期予測に基づいて投資商品を購入し続ける有能な個人がいるなら、その人は絶対に大儲けできるはずだろう、と異議を唱える読者もおいででしょう。でも、今日では、まともな長期期待に基づく投資はあまりにむずかしすぎて、ほとんど実行不可能なのです。さらに短期的な市場変動を無視しようとしたら、安全のためにかなり巨額の資金が必要だし、借金による運用など論外です。最後に、投資ファンドが委員会や理事会や銀行に運営されている場合、公益に最も貢献してくれる長期投資家こそが、実務においては最大の批判に直面させられます。なぜなら、その長期投資家の行動の本質はまさに、平均的な見解から見ればエキセントリックで、世間に逆らう無鉄砲なものだということになるからです。現世の知恵の教えでは、世間に逆らって成功するよりも、世間に流されて失敗するほうが評判は高いのです。

こうした検討事項は、経済学者の視野の外ではありません。でも、正しい視点の元に置く必要があります。市場の心理を予測する活動に**投機**という言葉をあてはめて、資産の寿命を通じた見込み総収益を予測する活動を**事業**と呼ぶと、常に投機が事業にまさるというわけでは決してありません。しかしながら、投資市場の仕組みが改善すれば、投機が支配的になる危険は、確かに増えます。世界最大の投資市場の一つ、つまりニューヨークでは、投機（前述の意味で）の影響はすさまじい。アメリカ人は、株価上昇の見込みがないと、投資商品を購入したりしません。これは言い換えると、アメリカ人が投資商品を購入するときには、見込み収益などあまり期待せず、世間的な価値評価基準が自分にとって有利に変わるのを期待しているのだ、ということです。つまりアメリカ人は、上述の意味で投機家なのです。

事業の安定した流れがあれば、その上のあぶくとして投機家がいても害はありません。でも事業のほうが投機の大渦におけるあぶくになってしまうと、その立場は深刻なものです。ある国の資本発展がカジノ活動の副産物になってしまったら、その仕事はたぶんまずい出来となるでしょう。ウォール街という機関の適切な社会目標は、新規投資を将来収益から見て最も利益の高いチャンネルに流し込むことだと考えられていますが、それが達成した成功の度合いを見ると、レッセフェール資本主義の傑出した勝利とはとても呼べません。こうした傾向は、見事に「流動的」な投資市場を組織したことによる、ほとんど逃れようのない傾向なのです。

投機による不安定性以外に、人間の天性が持つ特徴からくる不安定性もあります。人々の積極的な活動の相当部分は、道徳的だろうと快楽的だろうと経済的だろうと、数学的な期待よりは、自然に湧いてくる楽観論によるものなのです。たぶん、かなりたってからでないと結果の全貌がわからないようなことを積極的にやろうという人々の決断は、ほとんどがアニマルスピリットの結果でしかないのでしょう――これは手をこまねくより何かをしようという、自然に湧いてくる衝動です。定量的な便益に定量的な発生確率をかけた、加重平均の結果としてそんな決断が下されるのではありません。目論見書に書かれた内容がいかに率直で誠意あるものだろうと、事業はそれにしたがって動いているふりをしているだけです。将来便益の厳密な計算などに基づいていない点では、南極探検より多少ましでしかありません。ですから、アニマルスピリットが衰えて自然発生的な楽観論が崩れ、数学的な期待以外あてにできなくなると、事業は衰退して死にます——その際の損失の恐れは、以前の利潤期待に比べて根拠の点では大差ないのですが。

将来に続く希望に依存した事業が、社会全体にとって有益なのはまちがいないことです。でも個人の努力が適切になるのは、適切な計算がアニマルスピリットに補填支持される場合だけなのです。パイオニアたちはしばしば、最終的に損をするんじゃないかという考えに襲われますが、アニマルスピリットの働きがあればこそ、健康な人が死の予想を無視するように、そうした考えも振り払えるのです。

残念ながらこれは、不景気や不況の度合いがさらにひどくなるということだけでなく、経済の繁栄があまりにも、平均的なビジネスマンにとって適切な社会政治的雰囲気の有無に依存しすぎている、ということを意味しています。労働党政権やニューディール政策の恐れが事業を低迷させることがあったとしても、それは適切な計算の結果でもなければ、政治的な意図をもった陰謀の結果でもないかもしれません——単に、自然発生的な楽観論の微妙なバランスが崩された結果でしかないのです。ですから投資の見通しを推計するにあたっては、それを大きく左右するような自然発生的な活動を行う人々の不安やヒステリー、あげくはその人々の腹具合や天気に対する反応にまで、配慮が必要になるのです。

だからといって、すべてが不合理な心理の波に左右されるのだ、と結論してはいけません。それどころか、長期期待の状態は安定していることが多いし、そうでないときも、他の要因が補正効果を発揮します。ここでは単に、将来に影響する人の決断が、個人的なものも政治的なものも経済的なものも、厳密な数学的期待には頼れないということを忘れないようにしているだけです。それでもやはり少なくとも通常の状況では、投資の量に決定的ではないにせよ大きな影響を与えるものとして、金利に話を戻すべきでしょう。

でも、金利管理だけで適切な投資量を継続的にどこまで刺激し続けられるかは、やってみないとわかりません。国は資本財の限界効率を、長期的な視点で一般社会にとっての利益に基づいて計算できる立場にあるのですから、国が投資を直接まとめる責任をもっと負うべきだと私は期待しています。なぜかというと、いままで述べてきた原理に基づいて計算される、各種の資本の限界効率に関する市場推計は、変動があまりに大きすぎて、金利の現実的な変化でそれを相殺するのは無理である公算が高いからです。

第13－14章

金利の理論

The General Theory of Employment, Interest and Money

point

失業を減らすには、有効需要を増やすための投資が有効だ。でも期待収益率改善では投資を増やせない。では金利はどうだろうか？金利は、現在の消費と将来の消費を均衡させるものであると同時に、手元に置く資産を利子のつかない現金で持つか、債券で持つかという選択を左右する。この選択が流動性選好。お金の量を増やすと、みんなの流動性ニーズが満たされるので、現金の需要が減少し、金利も下

がる。これは従来の古典派の理論では無視されてきた部分だ、と第13—14章は論じる。

第11章では、投資を動かして資本の限界収益率と金利を等しくする力がいくつかあるものの、資本の限界収益率自体は、そのときの金利とは別物だということを示しました。ですから私たちの理論を完成させるには、金利が何で決まるのかを知る必要があります。

その決定要因は、時間選好と流動性選好です。

ある個人の心理的な時間選好は、完全に機能するには二つのちがった決定を必要とします。第一のものは、消費性向と名付けた時間選好の側面です。所得のうちどれだけを消費して、どれだけを将来の消費に役立てるべく何らかの形で保存しておくのか、という話です。

でもその決断を下したら、次の決断があります。将来消費に役立てるための保存分（これは当期の所得から保存する分もあるし、以前の貯蓄からのものもあります）を、どんな形で保有するか、という決断です。それをすぐ使える流動的な状態（つまり現金かそれにあたるもの）

で手元に持ちたいか？　それともしばらく手元から離してもいいだろうか？　言い換えるとこれは、その人の**流動性選好**はどのくらいか、ということです。

金利というのが、貯蓄に対する収益や、待つことに対する収益だけではあり得ないことは、もう明らかなはずです。自分の貯蓄を現金として抱え込めば、金利はつきませんが、貯蓄額は変わりません。これに対して、金利の定義自体を見れば、それが一定期間だけ流動性を手放す報酬なのだ、と言葉を尽くして書かれています。

ですからいつの時点でも、金利というのは流動性を手放す報酬なのであり、お金を持っている人が、それに対する流動的な支配力の放棄をどれほどいやがるか、という指標なのです。金利というのは、投資するリソースの需要と、現在の消費を控える意欲とを均衡させる「価格」ではありません。それは、現金の形で富を保有したいという願望と、実際にある現金の量とを均衡させる「価格」なのです――つまり金利が下がれば、すなわち現金を手放す報酬が減れば、人々が持ちたいと思う現金の総量は、世の中の現金供給を上回り、そして金利が上がれば、だれも保有したがらない現金の余りが出る、ということになります。

この説明が正しければ、ある状況で実際の金利を決めるのは、流動性選好とともに、お金の量だということになります。流動性選好は可能性または機能的な傾向で、ある一定の金利の下で人々が保有するお金の量を決めます。こんな具合に、ここで初めてお金の量が経済の仕組みに入ってくるのです。

でもここでちょっと立ち戻り、なぜ流動性選好なんてものがあるのかを考えましょう。これとの関連で、お金というのが現在の事業取引のために使われる場合と、富の蓄積装置として使われる場合とがあるという、昔ながらの区別が便利に使えます。この二つの用途のうち最初のものは明解です。多少の利息は犠牲にしても、ある程度までは流動性の便利さを手にする価値があるのは明らかでしょう。でも金利は決してマイナスにはならないのに、どうして一部の人は富を利息のつく形では持たず、ほとんどあるいはまったく利息のつかない形で持ちたがるのでしょうか？

それは、将来金利についての不確実性があるからです。もし将来の全時点での金利が確実にわかっていれば、各種期間の債権すべてについて、あらゆる将来の金利は現在の金利から導出できます。それはわかっている将来金利にあわせて調整されるからです。

もし現在の金利があらゆる満期期間の債権についてプラスの値なら、富の蓄積としては、常に現金を持つよりは債権を買った方が有利になります。逆に、将来の金利がはっきりしないなら、長期の債権を買って、その後それを現金化するのは、ずっと現金で持っているのに比べて損失が発生するリスクがあります。

さらに、もし債権を取引する組織的市場があるなら、さらなる流動性選好の根拠としては、将来金利について不確実性があるために生じるものがあります。人によって将来金利の見通しの推計はちがいます。ですから市場価格に表現された優勢な見解とはちがった意見を持っている人は、市場を出し抜いて利益を得るために流動的なリソースを保つほうがいいことになります。

ここまでで区別してきた流動性選好の三つの分類は、以下に依存するものとして定義できます。（1）取引動機、つまり個人的、事業上の交換のために現在の取引で必要となる現金ニーズ、（2）用心動機、つまり総リソースの一定割合を将来も現金で持ちたいという安心の欲求、（3）投機動機、つまり未来がどうなるかについて、市場よりもよく知っていることから利益を確保することを狙ったもの。

基本的には、お金の量が増えると金利が下がるでしょう。それでも、お金の量を大幅に増やしても、金利には比較的小さな影響しか出ないような状況が生じることもあります。お金の量を大幅に増やすと、将来についてあまりに不確実性が大きくなりすぎて、用心動機からくる流動性選好が強化されてしまうのです。一方、金利の未来についての見方があまりに全員一致状態なら、現在の金利がちょっと変わっただけで、みんなが一斉に現金に飛びつくかもしれません。おもしろいことですが、システムの安定性と、そのお金の量の変化に対する感度の安定性は、何が不確実かという見解が**いろいろあることに**かかっているのです。いちばんいいのは、みんなが未来を知っていることです。でもそれが無理で、お金の量を変えることで経済システムの活動をコントロールしたいのであれば、人によってちがった意見があることが重要なのです。ですからこのコントロール手法は、意見の相違が日常茶飯のイギリスに比べ、全員が同時に同じ見解を持ちやすいアメリカではあてにならないのです。

第15章

流動性を求める心理と事業上のインセンティブ

The General Theory of Employment, Interest and Money

| point |

失業を減らすには、有効需要を増やすための投資が有効だ。その投資を左右する金利は流動性選好、つまり人々が現金をどれだけ持ちたがるかで決まる、と前章で論じた。

ではなぜ人々は現金を持ちたがるのか？　それは将来の金利動向についての不透明性や自信のなさからくる部分も大きい。そして市場金利は

株式市場と同じく、まわりの顔色を見るだけの根拠レスな付和雷同で動く部分も大きい。だから金融当局が、実現性ある施策による金利誘導をきっぱり宣言すれば、あっさりそれに流される可能性も高いのでは？　ただし、ゼロ金利やハイパーインフレなどでそうした誘導がきかない事態はあり得る、と本章は警告する。

お金の総需要は、各種の支払いのために必要な運転資金、何かあったときの緊急支出用資金、投機に左右されます。このうち変動が大きくて、重要となるのは投機です。

通常の状況だと、運転資金や緊急支出用資金の量は、経済システムの一般活動と名目所得水準で主に決まります。でも金融管理（または管理がなければ、お金の量の偶然による変化）が経済システムに作用するのは、投機動機への働きかけによるのです。前者の二つの動機からの現金需要は、一般には全般的な経済活動と所得水準が実際に変わらない限り、外部からの影響にはあまり反応しません。でも経験的に見て、投機動機を満足させるためのお金の総需要は、通常は金利のゆっくりした変化に対しては、連続的な反応を示します。つまり投機動機を満たすお金の需要変化と、金利価格の変化との関係は、連続曲線になるということです。この場合の金利は、各種満期期間の債券や債権の価格で示されます。

だって、もしそうでなければ「公開市場操作」などというものは実施不可能です。通常の状況だと銀行システムはいつだって、市場で債券価格をほどほどに競り上げたり（下げたり）することで、債券を現金と交換で売ったり（買ったり）できるのです。そして債券や債権を買う（売る）ことで、創りたい（吸い取りたい）現金量が多ければ多いほど、金利の下落（または上昇）も大きくなければなりません。でも（たとえば1933–34年のアメリカのように）公開市場操作がきわめて短期の証券しか買わないよう制限されていれば、その影響はもちろん、とても短期の金利だけに限られ、ずっと重要な長期金利にはほとんど影響がないも同然、ということになります。

投機の動機を扱う場合、投機動機を満たすのに使えるお金の供給変化（流動性関数の変化なし）によって生じた金利変化と、主に流動性関数自体に影響する期待変化によるものとは、区別するのが大事です。公開市場操作は、実は両方の経路から金利に影響するかもしれません。それはお金の量を変えるだけでなく、中央銀行や政府の将来政策について、期待を変えてしまうかもしれないのです。期待の改定を引き起こすニュースに伴う、流動性関数自体の変化は、しばしば不連続なもので、したがって金利変化もそれに応じた不連続なものとなります。ニュースの変化が、人によってちがった解釈をされたり、個人の利害にちがった形で影響する場合にのみ、債券市場での取引活動増大の余地が生まれます。もしニュース変化が、あらゆる人の判断と要求をまったく同じように変えたら、金利（これは債券や債権の価格で示されます）はすぐに新しい状態に調整され、市場取引はまったく必要ありません。

　ですから、いちばん単純な場合で、全員が同じで同じ立場にある場合、期待の状況が変わったところで、お金のやりとりは一切発生しません——単に金利が変わるだけです。それは当初の金利で各個人が感じていた、新しい状況や期待に対して現金保有高を変えたいという欲望を、相殺するに必要なだけの変化となります。そして現金保有高を変えたいと思う金利の水準について、みんなが同じだけ考えを変えますので、取引はまったく起きません。

　でも一般には、状況や期待の変化は、個人の手持ち現金をある程度は変えます——というのも実は、一部は環境の差、一部はお金を持ちたい理由の差、一部は知識と新しい状況の解釈の差のために、変化はそれぞれの個人の考え方に、ちがった形で影響するのです。ですから、新しい均衡金利は現金保有の入れ替えをもたらします。それでも、主に注目すべきなのはその現金の入れ替えではなく、金利の変化です。

すると、金利というのがとても心理的な現象だというのは明らかです。実際、金利は完全雇用に対応する水準**以下では**均衡できません。なぜかと言えば、その水準だと真のインフレ状態が生み出され、結果として取引動機などで必要となる現金量が増えるからです。でも完全雇用に対応する以上の利率だと、長期市場金利は現在の金融当局の政策だけでなく、その将来政策に対する市場の期待にも依存します。短期金利なら、金融当局は簡単にコントロールできます。政策が近い将来に大きく変わることはない、という確信を作り出すのはむずかしくないし、目下の収益率に比べれば、考えられる損失は小さいからです。長期金利のほうは、**将来の**金融政策についての過去の経験と現在の期待から、代表的な見解により「安全でない」と見なされる水準に下がってしまったら、もっと御しがたいものとなりかねません。

ですから、世論が実験的だと思う金融政策や、すぐに変わりそうだと思われる経済政策は、長期金利を大きく引き下げるという狙いに失敗しかねません。一方、同じ政策でも、まともで実行可能で公共の利益にかなうものだと思われ、さらに強い意志に根ざしていて、しかも更迭されそうにない当局が推進していれば、あっさり成功するかもしれません。

金利というのは、きわめて心理的というよりは、きわめて因習的な現象なのだ、と言うほうが正確なのかもしれません。その実際の値は、世間一般の見方に大きく支配されるからです。

十分な確信をもって耐久性があるとして受け容れられる金利は、どんな水準だろうと耐久性があります。ただしもちろん、変化する社会にありがちな、様々な理由による変動が、平常と予想される値のまわりで生じることにはなりますが。完全雇用には致命的に高すぎる水準で何十年も上下動するかもしれません。

有効需要を、完全雇用実現に足るだけの高い水準に保つ際の困難が、そろそろおわかりいただけたでしょうか。それは因習的で比較的安定した長期金利と、気まぐれで不安定な資本の限界効率との組み合わせから生じるのです。

もっと元気の出る考察で、それなりの安心を得たいのであれば、以下のような話に希望を見出すしかありません。すなわち因習というのはまさにしっかりした知識に根ざしていないが故に、それは金融当局によるちょっとした頑固さと目的の一貫性に対しては、そんなに強い抵抗を見せないのです。少々の金利低下には、世論はすぐに慣れます。そして将来についての因習的な期待も、それに応じて変わるでしょう。そうなれば、さらなる金利変動への用意が調います。イギリスが金本位制を捨てると長期金利が下がったのは、この興味深い一例です——大きな金利変動は、一連の不連続なジャンプで実現されました。これは世間の流動性関数が、それぞれの金利低下に慣れていって、ニュースや当局の政策に見られる新しいインセンティブへの対応準備ができたことから生じたものなのです。

以上をまとめると、期待がどんな状態にあっても、人々の心の中には取引動機や用心動機で必要以上に現金を持ちたいという潜在力があって、それが実際に現金保有としてどのように実現されるかは、金融当局が現金を創造したがる条件に依存する、ということです。

もし金融当局があらゆる満期期間の債権を、指定の金利条件で双方向に売買する気があれば、そして様々なリスク度合いの債権を売買する気があればなおさら、複合的な金利とお金の量との間の関係は直接的なものとなります。複合金利は、単に銀行システムが債権を売買したがる条件の表現となります。そしてお金の量は、市場利率で示される条件で債権と引き替えに現金を手放すよりも——関連する条件をすべて考慮した上で——流動性のある現金を手元に置きたいという個人の懐に落ち着く量、ということになります。中央銀行がいまのように、短期国債を一つの公定歩合で売買するというのではなく、あらゆる満期期間の優良証券を表示価格で売買するという複雑なオファーこそが、金融管理技術において実施できる、最も重要な実務上の改善となります。

でも今日では、実際の慣行で見ると、銀行システムの定めた債権価格が市場でどこまで「有効」か、つまりそれがどこまで実際の市場価格を左右しているかは、その銀行システムごとにちがうようです。ときには、一方向では逆方向よりも価格が有効です。つまり、銀行システムは債権をある価格で買ったりはしますが、売るときにはディーラーの儲け分を上乗せしただけの価格で売るとは限らない、ということです。でも、公開市場操作があれば、双方向でその価格が有効になってはいけない理由はないはずです。また、金融当局は一般に、あらゆる満期期間の債権を平等に売買したがるわけではありません。ここから生じる、もっと重要な制約があります。金融当局は短期債にばかり専念して、長期債の価格は、短期債価格が遅れて不完全な形で作用してくるのに任せる傾向にあります——でもこれまた、別にそうしなければならない理由はありません。

ですから金融当局は、様々な期間やリスクを持つ債権の複合的な金利を何か決めようとするとき、ある程度の制約を受けるのです。これは以下のようにまとめられます。

1　金融当局自身の慣行として、ある種の債権については取引意欲を制限することで生じる制限があります。

2　前述したような理由から、金利がある程度まで下がると、流動性選好が実質的に絶対的になってしまうかもしれません。つまり、債権の金利があまりに低すぎると、ほとんど全員がむしろ現金のほうがいいと思うようになるのです。こうなると金融当局は、金利に対する実効支配を失ったことになります。でもこうした限られた例は、将来には現実的な重要性を持つようになりますが、過去にそれが起こった例は寡聞にして知りません。実際、ほとんどの金融当局は長期債権を決然と取引したがらないために、これを試す機会はあまりありません。さらに、もしそんな状況が生じたとしたら、金融当局自身が銀行システムから、ほとんど金利ゼロで無限に借り入れができることになります。

3

流動性関数が、どちらかの方向で完全に平らになってしまい、金利安定性が完全に崩壊したきわめて異常な状況もあります。ロシアと中央ヨーロッパでは、戦後に通貨危機、または通貨からの逃避が起こり、現金だろうと債権だろうと、どんな条件をつけてもだれも手持ち分を保持したがらない状況となりました。そして高く上昇する金利ですら、資本（特に流動性のある財の在庫）の限界効率に追いつけませんでした。その資本は、お金の価値がますます大幅に下がるという期待に影響されていたのです。一方アメリカでは、１９３２年の一時期に逆の危機が起きました——金融危機または破産の危機で、だれも手持ち現金をまともな条件で手放すよう促せなくなったのです。

4

最後に、ある数字以下に実効金利を引き下げるのが困難だという問題があります。これは、低金利時代には重要となるかもしれません。つまり、借り手と最終的な貸し手とを引き合わせる仲介コストと、純粋な利率以上に貸し手が必要とするリスクの分、特にモラルリスク分です。純粋金利が下がっても、手数料やリスク分が並行して下がるわけではありません。ですから、一般の借り手が支払う金利は、純粋金利よりも下がり方が遅く、既存の銀行や金融機関のやり方では、何らかの下限以下には引き下げられないかもしれないのです。これは、手数料が重くなる短期融資（たとえば銀行融資）の場合にも重要です。銀行は顧客に対し、貸し手にとっての純粋金利がゼロの場合ですら、1・5パーセントから2パーセントの手数料を課したりします。

第16章 資本の性質についての考察あれこれ

The General Theory of Employment, Interest and Money

| point |

失業を減らすには、有効需要を増やすための投資が有効だ。投資は、見込み収益率が金利より高い部分で生じる、というのが前章までの議論。

でも投資が増えて資本設備が増えれば、その収益率は下がってくる。それに対応して投資を維持させるには金利も下がらざるを得ないだろ

う。資本設備があふれて希少性がジワジワ下がったら？　いまは資本の希少性のおかげで儲けている金利生活者たちの不労所得もジワジワ下がり、この階級は安楽死するはずだ、とこの章は論じる。

個人が貯蓄をするというのは――言わば――今日は晩ご飯は食べないぞ、という決断です。でもそういう決断をしたからといって、別に来週は晩ご飯を食べるぞとか、1週間後だか1年後だかにブーツを買うぞとか、特定の時点で特定のものを消費するぞといった決断があわせて必要になるわけではありません。ですからその決断は、今日の晩ご飯を用意するという商売を圧迫しますが、でもその商売は、何か将来の消費行動をあてにいまから準備をしようという刺激を受けるわけではありません。今日の消費需要の代わりに将来の消費需要を持ってくるわけではないのです――現在の需要が純減するだけです。さらに将来の消費期待は、いま消費するという現在の経験にとても強く根ざしているので、結果としていまの消費を減らせば、将来の消費も減らされる見込みが高いのです。そして貯蓄行動は、単に消費財価格を引き下げるだけで既存資本の限界効率はそのまま、というわけにはいきません。実際には、後者も引き下げる傾向が強いのです。そうなると、現在の消費需要のみならず、現在の投資需要すら引き下げてしまうかもしれません。

ですから問題は貯蓄行為というのが、現在の消費と何か特定の追加消費との交換を意味するのではないために起こる、ということです。その特定の追加消費のための準備が、現在の消費で必要とされたのとまったく同じ、貯蓄されたのと同額の経済活動を現在必要とするのであれば、問題はないのです。そうではなく、それ自体としての「富」、指定されない時間に指定されない品目を消費する潜在力が欲望されるのです。個人の貯蓄が個人の消費に負けず劣らず、有効需要にとってよいものだという発想は、馬鹿げているのにほとんど普遍的になっています。これはそこから導かれる結論よりずっともっともらしい誤謬によって育まれたものですが、それは富を持ちたいという欲望の高まりは、投資を持ちたいという欲望の高まりとほぼ同じことだから、それは投資需要を増やし、その生産に刺激を与えるのだ、という誤謬です。だから当期投資は、当期の消費が減ったのと同額だけ増えた個人の貯蓄によって促進されるのだ、というわけです。

人心の迷いの中で、解くのが最もむずかしいのはこの誤謬なのです。富の所有者は資本財**それ自体を**持ちたがると信じてしまうのですが、実はその人が本当に欲しているのは、その**見込**

み収益です。さて見込み収益は、将来の供給条件との関連で将来の有効需要に完全に左右されます。ですからもし貯蓄行為が見込み収益の改善にまったく貢献しないなら、投資も一切刺激しません。さらに個人貯蓄者が富の所有という望みをかなえたにしても、その人物を満足させる新しい資本的資産がどこかに作られる必要はありません。貯蓄はこれまで見た通り**双方向的な**活動なので、他の個人がその人物に、新旧問わず何らかの品物を移転しなくてはならないのです。あらゆる貯蓄行為は、貯蓄をする人への「強制された」不可避な富の移転が伴います。むろん、その人物は別の人が貯蓄するときに苦しめられるかもしれませんが。こうした移転は、新しい富の創造を必要としません――それどころか、むしろ積極的にそれを邪魔するものかもしれません。新しい富の創造は、その新しい富の見込み収益が、現在の金利による基準を上回っているかどうかにかかっています。限界的な新しい投資の見込み収益は、だれかが自分の富を増やしたがっているという事実によって増えたりしません。限界的な新しい投資の見込み収益は、特定の品物が特定の日に需要されているという期待に依存しているからです。

　また、富の所有者は見込み収益なら何でもよいわけではなくて、手に入る最高の見込み収益を求めるんだから、富を保有する欲望が増えると、新規投資の生産者たちが満足しなければならない見込み収益は下がるんだ、という議論をしても、この結論は避けられません。というのもこれは、実物の資本的資産を所有しなくても、常に代わりの手口があるのだということを無視しているからです。それはお金や債権の所有です。ですから、新規投資の生産者たちが満足すべき見込み収益は、現在の金利が定める基準以下にはなれないのです。そして現在の金利は、これまで見た通り、富を持ちたいという欲望の強さによるものではなく、それを流動的な形で持ちたいか、非流動的な形で持ちたいかという欲望の強さによるのであり、さらにそれに対応して、流動的な富の供給と非流動的な富の供給との相対的な量で決まるのです。

資産が耐用寿命の間に、その初期供給価格よりも大きな総価値を生み出す見込みがある唯一の理由は、それが**希少だから**です。そしてそれは、お金につく利子との競争によって希少に保たれています。もし資本がもっと希少でなくなれば、その生産性が物理的には下がらなくても、追加収益はだんだん減ります。

もし金利がゼロだったなら、すべての品物について、投入の日から消費の日までの平均日数の最適期間があります。労働コストが最小になる期間です——それより短い生産プロセスなら、生産は技術的に非効率になり、それより長いプロセスは、保管費用や劣化のために効率が落ちます。さて、金利がゼロを上回ると、プロセスの長さを増す新しいコスト費目が導入され、最適期間は短くなります。後に納品に使われるはずの当期投入は、見込み価格が十分に上がってコスト増分をカバーできるようになるまで、削るしかありません——その費用は利払い費用と、短期間の生産方式による効率低下からくるものです。金利がゼロ以下に下がれば（それが技術的に可能ならばですが）その反対が成り立ちます。潜在的な消費者需要があれば、今日の当期投入は言わば、後日に投入を始めるという選択肢との間で競争しなくてはなりません。そして結果として当期投入が儲かるようになるのは、技術効率が上がったり、見込み価格が変動したりして、いまより後日生産するほうがずっと安くなっても、それがマイナス金利からの少ない収益率を相殺できない場合だけです。大半の品目については、消費が見込まれる時期より早すぎる生産投入は、かなりの技術的な非効率をもたらすはずです。したがって金利がゼロでも、潜在消費者たちの需要を満たすために事前に生産開始すれば儲かるような需要比率には、はっきりした制限があります。そして金利が高まれば、今日生産すると儲かる見込み消費者需要の比率は、その分だけ下がるのです。

　金利は心理的、制度的な要因で決まりますが、少なくとも資本の寿命に等しい期間にわたり、その資本をなるべく長期的に希少にしておいて、限界効率が金利に少なくとも等しいくらいに保つ必要があることを見てきました。資本が調いすぎてその限界収益性がゼロになり、これ以上の追加投資をしたら限界収益性がマイナスになってしまうような社会にとって、これはどんな意味を持つでしょうか。その社会でも金融システムがあって、お金は「保存」できてその保管費用や安全な預託費用はほとんどゼロ、結果として実際の金利がマイナスにはなれず、完全雇用でみんな貯金はしたがるものとします。

もしそんな状況で完全雇用の条件から始めたら、事業者たちは既存の資本ストックすべてを使うほど人を雇い続けた場合には必然的に赤字を出します。ですから資本ストックと雇用水準は、社会が貧しくなって総貯蓄がゼロになるまで収縮します。その場合、だれかのプラスの貯蓄は、他の人のマイナス貯蓄で相殺されることとなります。したがってここで想定したような社会では、レッセフェール主義の下での均衡は、雇用がずいぶん低くて生活水準がかなり悲惨で、貯蓄がゼロになったような状態です。たぶんこの均衡位置のまわりで周期的な動きが起こるほうが可能性が高いでしょう。もし将来についてまだ不確実性の余地があるなら、資本の限界効率はときどきゼロより高くなって、「好況」につながります。そしてその後の「不況」では、資本ストックは一時的に、長期的には限界効率ゼロをもたらす水準を下回ります。人々の先を読む能力が正しければ、ぴったりゼロの限界効率を持つ資本の均衡ストックは、存在する労働力の完全雇用に対応するストックよりも、もちろん小さなものとなります。というのも、それは貯蓄がゼロになるような失業率に対応する設備の量となるからです。

ここまでは、お金の保有コストがほぼゼロだという制度的な要因のため、金利はマイナスになれないと想定してきました。でも実は、金利の現実的な低下に対し、ゼロよりずっと高い下限を設けてしまうような、制度的、心理的な要因があります。特に、借り手と貸し手を引き合わせる費用や、これまで見たような将来の金利水準に対する不確実性により下限ができて、それは現在の状況だと、長期で2パーセントか2・5パーセントくらいにもなりそうです。もしこれが正しいなら、レッセフェールの下ではこれ以上金利が下がれず、富のストックが増え続けてしまうという、まごつくような可能性がやがて現実に実現しかねません。さらに、現実的に金利を引き下げられる下限が0パーセントよりかなり上ならば、金利がその下限に達する前に蓄財の総欲望が満たされる見込みは下がります。

戦後のイギリスとアメリカは、まさに富の蓄積が大きくなりすぎて、時の制度や心理的な環境下で金利が下がる速度よりも、限界効率のほうが急速に下落した実例です。それが主にレッセフェールの条件下では、適切な雇用水準を阻害し、生産の技術的な条件が提供できたはずの生活水準実現を阻害することになってしまったのです。

するとここから、技術水準が同じでも資本ストックがちがえば、資本ストックが少ない社会のほうが、しばらくは資本ストックの大きい国よりも高い生活水準を享受できる、ということになります。でも貧しい社会が豊かな社会に追いつけば――おそらくいずれ追いつくはずです――どちらもミダス王の運命に苦しむことになるのです。この不穏な結論はもちろん、消費性向と投資の率が、社会の利益のために意図的にコントロールされたりはせず、主にレッセフェールのままに任されているという想定にかかっています。

完全雇用の条件下での資本の限界収益率に等しい金利で、社会はある貯蓄高を持とうとし、その貯蓄高に対応した速度で資本蓄積が進みます。もし金利の低下が資本蓄積に伴う資本の限界収益率低下に追いつけなければ、富を持ちたいという欲望を資産のほうに振り向けても経済的な厚生は高まります。これは、その資産が何ら経済的な果実を生み出さない場合ですら成り立つことです。億万長者が存命中の肉体を保管するのに巨大邸宅を建て、死後の肉体を保護するのにピラミッドを建てることで満足感を得るのであれば、あるいは己の罪を悔いて大聖堂を建てたり修道院に寄進したり海外宣教団に出資したりして満足できるなら、資本の過剰が生産の豊穣を阻害するような日は先送りにできます。貯金をはたいて「地面に穴を掘れば」、雇用ばかりでなく、有用な財やサービスの国民への実物配当も増えるのです。でも賢明な社会が有効需要に影響するものを理解さえすれば、そんな偶発的でしばしば無駄だらけの手段に頼る必要はないのです。

仮に、金利が完全雇用に対応した投資量と整合するよう、何か方策が講じられたとしましょう。さらに、資本設備の成長が頭打ちになる地点に近づく速度が、現在の世代の生活水準に分相応以上の負担を与えない速度となるよう、国が手を打つものとしましょう。

この想定があれば、現代的な技術リソースを備えた、適切に運営された社会においては、人口が急増していなければ、資本の限界収益率を一世代のうちに、ゼロにかなり近い均衡点にまで引き下げられるはずだと思います。そうなると、そこは準静的な社会となって、技術や嗜好、人口や制度の変化だけが変化と進歩を引き起こし、資本設備の産物は、労働その他に比例した価格で売られ、その価格には消費財の価格を律するのと同じ原理で、資本の料金がごくわずかばかり入ってくることになります。

　資本財を極度にあふれさせ、資本の限界収益率をほぼゼロにするのが簡単だという私の想定が正しければ、これは資本主義の感心しない特徴の多くをだんだん始末する、最も賢いやり方かもしれません。ちょっと考えてみればわかるように、蓄積された富の収益率がだんだん下がれば、すさまじい社会変化が生じるからです。後で使うために、稼いだ所得を貯めておくのはその人の勝手です。でも貯めたお金が増えたりはしません。

　金利生活者は消えますが、それでも事業能力と、見込み収益の推計技能の余地はあります。これらは意見が分かれるものだからです。いまの説明はリスクなどをまったく考慮しない、純粋金利を主に考えてきました。リスクまで考慮した、資産の総収益ではありません。ですから純粋金利がマイナスの値にならない限り、見込み収益の疑わしい個々の資産に対する、技能豊かな投資はまだプラスの収益が得られるはずです。リスクを負担するのが目に見えて避けられるならば、そうした資産を一定期間にわたり総計することで、プラスの純収益が得られることもあります。でもそうした状況では、疑わしい投資から収益を得ようという熱意が高すぎて、総計しても**マイナスの**純収益になってしまうことも十分考えられます。

第17章

利子とお金の本質的な性質

The General Theory of Employment, Interest and Money

point

失業を減らすには、有効需要を増やすための投資が有効だ。投資は、見込み収益率が金利より高い部分で生じる、というのが前章までの議論。

でもなぜお金はそんなに特別なのか？　他のものも、先物取引などで利率にあたるものは存在するのに？　それは、お金は勝手に作れない、他のもので代替できない、保管費用がかからない、そしていま多くの価

格がお金を基準に決まっているという性質のためだ、と本章は論じる。
それをみんなが求めすぎるから失業は起きる！

すると、**お金の利率**は、雇用水準に限界を設けるにあたり、奇妙な役割を果たすようです。というのもそれは、新しい資本的資産が実現しなければならない、限界収益性の基準になるからです。なぜそんなことになるのか、ちょっと考えると変な話に思えます。他の資産に比べてお金の特殊性がどこにあるのか、利率を持つのはお金だけなのか、非貨幣経済では何が起こるのかについて考えてみるのは自然なことでしょう。こうした問題に答えない限り、私たちの理論が持つ意義の全貌は明らかになりません。

金利、お金につく利子の率というのは——改めて申し上げますが——たとえば1年後の先物提供契約した金額が、その契約のために支払われたお金の現金価格、またはスポット価格とでも言うべきものに比べて、どれだけ多いかを比率で示したものでしかありません。だからどんな資本的資産についても、金利に相当するようなものがあります。たとえば、1年後に提供される小麦のある絶対量は、今日の「スポット」物の小麦１００クォーターと同じ交換価値を持つからです。もし前者の量が１０５クォーターならば、小麦の利率は年5パーセントだと言えましょう。それが95クォーターなら、**マイナス**5パーセントです。ですからあらゆる耐久商品について、それ自身で測った利率が得られます――小麦の利率、銅の利率、家屋利率、鉄鋼工場利率なんてものさえも。

　商品がちがえばその利率も当然変わるでしょう――小麦利率と銅利率は同じでなくてもいいはずです。実際、スポット物と先物契約の関係は、市場価格を見ると、商品ごとにずいぶんちがうことで悪名高いのです。これは商品に限った話ではなく、外国為替のディーラーならばお金の種類がちがえば（たとえばポンドとドル）金利がちがうこともよく知っています。ここでも、外貨の「スポット」価格と「先物」契約の差は、外貨ごとにちがうのが普通なのです。

　では資本の収益性を考えるとき、お金でなくこうした商品を基準にしてもかまわないはずです。たとえば小麦です。あらゆる資本的資産の見込み収益を、小麦価値で計算するのです。そしてその資産から生じる一連の年間小麦量収益の割引現在価値を、その資産の現在の供給価格を小麦であらわしたものと等しくする割引率を求めましょう。それがその資産の小麦で測った収益率です。お金と小麦という二つの基準の相対的価値がまったく変化しないなら、どちらの基準で測っても、この資本的資産の収益率は同じです。

つまりここまでの話では、利率をお金で測ったものは、他の商品に基づく率に比べて独自性はまったくなく、まったく同じ立場にあります。でもお金で見た利率はこれまでの章で、圧倒的に実用面での重要性を与えられてきました。その原因となる特異性はどこにあるのでしょうか？

1　お金は勝手に作れない：

お金は長期でも短期でも、金融当局ではない民間事業者の力からすれば生産弾性がゼロか、とても小さいのです。事業者は、お金の価格が賃金単位で見て上昇しても、好き勝手に労働を適用してお金をどんどん作るわけにはいきません。金本位制の通貨でも、これは概ね成り立ちます。お金作りのために雇用される労働の追加部分の比率はとても小さいからです。お金が作物のように栽培できたり、自動車のように製造できたりするなら、不況は避けられるでしょう。他の資産の価格がお金で測って下がったら、お金の生産にまわる労働が増えるからです。でも世界全体から見れば、この形での労働振り替えは常に無視できる程度なのです。

2　お金は他のもので代替できない：

お金を他と区別する第二の点は、その代替弾性がゼロかゼロに近いということです。他のものなら、値段が上がれば他のもので代用しようという動きが出てきます。でもお金はそれができません。つまりお金の交換価値が上がると、他の要素をそれと置き換えようとする傾向はなくなるのです。

ですから、お金というものへの需要が増せば、それは購買力の底なし沼となります。というのもそうなったら、他の収益要素とはちがって、どこかで需要が他のものへの需要にあふれ出すなどということは起きないからです。

3　賃金がお金で決められており、変わりにくいこと：

お金の実質供給ががっちり固定されているという想定は不正確です。賃金を減らせば、流動性動機に基づく他の用途から現金は解放されます。一方、お金の価値が下がれば、お金のストックは社会全体の富全体の中で、占める割合が上がります。しかし、実際には賃金がお金で決まっていて、なかなか変わらないので、お金の利率もうまく下がってくれないのです。

では、なぜお金の利率はしばしば適切に下がってくれないのでしょうか。それはお金を流動的にしている特性のせいです。その特性とは、保有費用が低くて無視できる、ということです。

お金以外の商品だと、価値の安定した富の貯蓄として魅力があっても、それが保有費用で相殺されてしまいます。ですからある程度以上の在庫を持つと損です。

でもお金の場合には、これはあてはまりません。保有費用が大きければ、それは将来の時点でのお金の見込み価値についての期待を相殺してしまいます。人々がちょっとしたことでお金のストックをすぐに増やしたがるのは、流動性のメリットが保有費用に相殺されないためです。

ですから法定通貨が定期的に、決まった費用を払って印紙を貼らないとお金としての価値を失うようにするとか、それに類する方法でお金に人工的な保有費用を作るといった解決策を考えている改革者たちは、正しい方向を向いていました。そして彼らの提案が持つ実用的な価値は、検討に値します。

するとお金の利率が上がれば、生産が弾性的でお金の産出を刺激できないあらゆるもの（お金は仮説上、完全に非弾性的です）の産出が低下します。つまり失業が発達するのは、人々が月を求めるからなのです。人々は、欲望の対象（つまりお金）が作り出せず、それに対する需要を簡単には抑えられない場合には、雇用されなくなってしまいます。その治療法と言えば唯一、月でなくてもグリーンチーズでかまわないんだよと人々に納得させて、グリーンチーズ工場（つまり中央銀行）を一つ、公共のコントロール下に置くことです。

　またお金は負債や賃金を決める基準になっています。金利が重要なのはそのせいだと言えます。この問題は二つの側面から検討が必要です。

　まず、契約がお金を元に決められて、賃金もお金で測るとかなり安定しているために、お金には大きな流動性プレミアムがついています。将来の支払い義務が課せられるのと同じ基準の資産を持ったり、それで測ると将来の生活費が比較的安定になるような基準の資産を持ったりするのは、明らかに便利だからです。さらにお金の保有費用が低いのも重要です。というのも、重要なのは流動性プレミアムと保有費用との差だからです。金や銀や紙幣以外のほとんどの商品の場合、保有費用はお金の流動性プレミアムと同じかそれ以上です。

　二番目の点は、もっと細かいものになります。産出の価値は、他の商品よりお金を基準に測るほうが安定だと思われています。これは賃金がお金で見ると比較的変わりにくいせいです。他の商品を基準にしたら、これはむずかしいでしょう。その場合、その基準となる商品の費用が、産出規模の大小を問わず、期間の長短を問わず、賃金単位で見て比較的一定であることを必要とするばかりか、余った部分が費用なしで保管できる、つまりその流動性プレミアムが保有費用を上回る必要があります（そうでないと、価格上昇で儲ける見込みはない以上、在庫保有は絶対に損失をもたらします）。もしこうした条件を満たす財が見つかれば、それはまちがいなくお金のライバルとして成立します。でも、そんな財が実在するとは考えにくいようです。

ここから私は、それを単位とした時に賃金が最も変わりにくいと予想される商品は、生産弾性が最小でないものではあり得ず、また流動性プレミアムに対する保有費用の超過分が最小でないものでもあり得ない、と結論します。言い換えると、お金で見た賃金が相対的に変わりにくいことは、保有費用に対する流動性プレミアムの上回り具合が、他のどんな資産よりもお金のほうが大きいことの副作用なのです。

ですから、お金の利率を重要なものにしている各種の特性は、累積的な形で相互に作用しあうことがわかります。お金の生産弾性や代替弾性が低く、低い保有費用を持つことは、名目賃金が比較的安定になるという期待を高めがちです。そしてこの期待はお金の流動性プレミアムを高め、お金の利率と他の財の限界効率との相関を抑え、金利の効力が下がるのを防ぐのです。

第18章

雇用の一般理論再説

The General Theory of Employment, Interest and Money

| point |

これまでの議論のおさらい。各種投資の期待収益率と金利の関係で、経済の投資の量が変化する。投資と消費の関係は乗数によりほぼ一定なので、投資にあわせて消費（そして総需要）も変化する。そしてその総需要（有効需要）が雇用の量を決める。

ではこれまでの章の議論をまとめてみましょう。要因は、これまで見てきたのと反対の順番で挙げていきましょう。

新規投資の水準はそれぞれの資本的資産の供給価格を変えます。そして資本全般の見込み限界収益率が、金利と一致するまで投資が増えます。つまり、資本財産業の物理的な供給条件、見込み収益についての確信や、流動性に対する心理的態度とお金の量が相互に作用して、新規投資の水準を決めるのです。

でも投資水準が増加（または減少）すれば、それに伴って消費の増加（または減少）も起きなくてはなりません。なぜなら一般に人々は、所得が増加（または減少）する場合にしか所得と消費との差を拡大（または縮小）したがらないからです。つまり消費の変化は、一般的に言って所得変化と**同じ方向**（ただし額は小さい）なのです。所得増分と、ある貯蓄増分とに必然的に伴う必要がある消費増分との関係は、限界消費性向で与えられます。この比率は、投資の増分とそれに対応した総所得の増分との間のものですが、これは投資乗数で与えられます。

最後に、雇用乗数は投資乗数とだいたい同じと考えられるので、前に述べた要因によってもたらされる投資水準の増加（または減少）に乗数を適用して、雇用の増加（または減少）を導けます。

でも、雇用の増加（または減少）は、流動性選好を上げる（下げる）ことになります。雇用増に伴い、賃金や物価が変わらなくても所得の価値が上がります。さらに雇用が改善すれば賃金自体も雇用の改善とともに上昇しがちです。産出増は短期的にはコスト増につながり、物価上昇をもたらします。

以上は『一般理論』のまとめです。現実の経済システムは、消費性向や資本の限界効率や金利の特別な特徴にも左右されます。それを実証的に一般化することは可能ですが、でも論理的には必要ありません。

特に、私たちの暮らす経済システムの傑出した特徴として、産出や雇用が大幅な変動を起こすことはあっても、極度に不安定ではない、ということがあります。実際それは、回復も見せないが、完全な崩壊に向かうこともなく、通常以下の活動状態がダラダラ続くようです。さらに完全雇用またはほぼ完全雇用に近い状態ですら、まれで長続きしない出来事のようです。変動は力強く始まりますが、大きな極端に進む前に脱力してしまい、絶望的でもないが満足とも言えない中間的な状態が普通だということになります。変動が極端にまで進む前に脱力し、やがて逆転してしまうという事実に基づいて、規則的なフェーズを持つというビジネスサイクルの理論が形成されています。同じことが物価についても言えます。最初に何かの乱れを引き起こすような原因に対しても、しばらくはそこそこ安定でいられる水準を見つけ出すようです。

第19章

名目賃金の変化

The General Theory of Employment, Interest and Money

point

失業を減らすには、有効需要を増やすための投資が有効だ、という一通りの議論が前章までで終わった。ここから先は、個別部分の深掘りとなる。

この章は賃金の話。ケインズの主張はどうあれ、古典派が主張する通り、賃金が下がればやはり失業はなくなるという見方もあり得る。でも名目賃金が下がると、消費も減ってしまう。また、もっと下がるの

ではという思惑が発生し、雇用改善も起きない。賃下げが社会不安につながれば流動性選好が上がり、金利が上がって投資も減りかねず、これまた雇用を減らす。

そもそも、独裁国でもない限り、一斉に名目賃金を引き下げる手段はない。政策的にも賃金低下を図るのは悪手で、お金を増やしたりするほうがずっと現実的。

古典派理論は経済システムに自己調整能力があると主張しますが、それは名目賃金が変動するという想定だけに基づいています。そしてそこに硬直性が見られたら、それは調整が失敗しているのが悪いとされます。名目賃金が下がれば、最終製品の価格が下がるので需要が刺激され、したがって産出と雇用は増える、というわけです。

これは名目賃金が下がっても需要には影響しないと想定しているということです。当たり前だ、と固執する経済学者もいるかもしれません。総需要は、お金の量にお金の所得速度をかけたもので決まるんだし、名目賃金が下がってもお金の量や所得速度が変わるべき明白な理由なんかない、というわけです。

こうした発想の元になっているのは以下のような考え方のようです。それぞれの産業で、言い値と売れる量とを関係付ける需要曲線が描けます。そしてその需要水準ごとに、その産業における雇用量と賃金水準とを関係付けた労働の需要曲線が得られます。この発想がほぼそのまま、あらゆる産業全体に転用されます。そしてそれを拡張すると、経済全体において賃金水準と雇用の量を関係付ける需要曲線があることになります。この議論は、名目賃金だろうと実質賃金だろうと目に見えるちがいはまったくないとされます。

もしこれが古典派議論の根底にあるなら、明らかにまちがっています。ある特定産業の需要曲線は、他の産業の需要と供給、および総有効需要の量についての固定した想定がなければ構築できないからです。ですからこの議論をあらゆる産業全体に適用するためには、総有効需要が固定されているという想定が必要となってしまいます。

でもそんな想定をしたら、そもそもの議論がまったく変わってしまいます。**総有効需要が変わらなければ**、確かに名目賃金が下がると雇用増に結びつくでしょう。でも問題は、名目賃金を減らしたら総有効需要も減るのでは、ということです。少なくとも、名目賃金の減少割合よりも、総有効需要の減少割合のほうが小さくてすむかどうか、ということなのです。

では、この問題を答えるのに、私たち自身の手法を適用してみましょう。それは二つの部分に分かれます。（1）名目賃金の削減は、他の条件が同じなら雇用を増やす直接的な傾向があるでしょうか？（2）名目賃金の削減は、雇用をある特定方向に動かすでしょうか？

最初の質問には、これまでの章ですでにノーという答を出しました。というのも、雇用の量は賃金単位で測った有効需要と完全に相関しており、有効需要は期待消費と期待投資の和なので、「他の条件」である消費性向と資本収益性、金利がどれも変わらなければ、有効需要も変われないからです。

名目賃金を引き下げると「生産費用が下がるから」雇用が増える、という粗雑な結論をまず論駁しておくとよいでしょう。確かに、個々の事業者は自分の費用が下がったのを見て、以前よりも大量の生産物を儲かる形で売れると思うかもしれません。もし事業者たちみんながこの想定に基づいて行動するなら、本当に利潤増加を実現できるでしょうか？　そうなるのは社会の限界消費性向が１に等しく、所得増分と消費増分にギャップがない場合だけです。あるいは所得増分と消費増分のギャップを埋めるだけの投資増があってもいいでしょう。でもこれは、資本の限界効率が金利との見合いで増加した場合だけにしか起こりません。ですから増えた産出で得られる売上は、事業者たちをがっかりさせて、雇用はまた以前の水準に戻ります。

ですから名目賃金削減は、社会全体の消費性向に影響を与えるか、資本の限界収益率に影響するか、金利に影響するかしない限り、長期的に雇用を増やす影響は持ち得ません。名目賃金削減の影響を分析するには、それがこの三つの要因に与えるかもしれない影響をたどるしかないのです。

これらの要因に対する最も重要な影響は、実務上は以下のものになりそうです。

1 名目賃金の削減は、多少は物価を引き下げます。ですからそれは、実質所得の再分配を少しもたらします。（a）賃金労働者から、取り分が減らされていない他の限界原価に含まれる要素へ、（b）事業者から、一部の所得が名目値で保証されている金利生活者へ。

2 もし名目賃金の削減が、将来の名目賃金に比較しての削減だと期待されたら、その変化は投資に有利なものになります。すでに見た通り、それは資本の限界収益率を高めるからです。一方同じ理由で、消費にも有利かもしれません。逆に名目賃金削減が、この先もっと賃下げが起こるのではという期待につながれば、それはまさに正反対の影響を持ちます。それは資本の限界収益率を下げるので、投資も消費も先送りされてしまいます。

3 手取り賃金の減少は、物価の低下や金銭所得一般の低下を伴い、所得や事業のための現金ニーズを減らします。だから社会全体としての流動性選好を減らします。他の条件が同じなら、これは金利を下げ、したがって投資にとっては有利になります。でもこの場合、将来に関する期待の効果は、いま二つ目で考えたものと正反対になります。なぜかというと、もし賃金や物価がまたいずれ上昇すると思われたら、特に長期融資では有利な反応が見られにくくなります。さらにもし賃金削減が人々の不満を引き起こして世間の安心感を乱すなら、流動性選好が高まって、流通現金はかえって減りかねません。

4 個別の事業者や産業にとっては、名目賃金の特別な引き下げは常に有利に働きますので、全般的に賃金が下がっても（影響はいろいろ変わってきますが）事業者はそれがありがたいことだと思うかもしれず、これが資本の限界効率見込みの無用に弱気な見積もりという負のスパイラルを打破して、もっと普通の期待に基づいて物事を動かし始めるかもしれません。一方、もし労働者たちが全般的な賃下げの影響について雇い主たちと同じまちがいをしていたら、労働争議が有利な要素を相殺してしまうかもしれません。これ以外には、平等な名目賃金引き下げを、同時に全産業で確保する方法は一般にあり得ませんから、あらゆる労働者としては、自分の場合だけは賃下げに抵抗するほうが利益にかなっています。実は、雇用主が名目賃金交渉を下方修正しようという動きをすれば、物価上昇の結果として自動的に実質賃金がだんだん下がるのに比べて、抵抗はずっと激しくなります。

5

一方で、負債の負担が重くなるという事業者にとっての下向きな影響は、賃金引き下げからくる上向きの反応をすべて部分的に相殺するかもしれません。実際、もし賃金低下と物価の低下が進行すれば、借金の多い事業者の面目は潰れ、やがては倒産の憂き目にあうかもしれません——そして投資へのマイナスの影響はきわめて大きくなります。さらに、国の債務と、ひいては税金に対して低い物価水準が与える影響は、事業者の安心にきわめてマイナスに作用するはずです。

これは複雑な現実世界で、賃金引き下げに対する可能な反応すべての完全なカタログではありません。でも、通常いちばん重要なものはこれでカバーできていると思います。

ですから話を閉鎖経済に限って、実質所得の新たな分配が社会の消費性向に与える影響として、正反対のことしか期待できないと想定するのであれば、名目賃金低下により雇用によい影響が出る唯一の希望は、資本の限界効率の増加か、金利低下による投資増からやってくるものと期待しなくてはなりません。この二つの可能性を詳しく見ましょう。

資本の限界効率向上に有利に働く条件は、名目賃金が底を打って、これ以上変化があるとしたら賃金は上昇するだろうと期待されるということです。最も不利な条件は、名目賃金がジリ貧で下がり、下がるごとにもっと賃金が下がるのではという不安が増す場合です。有効需要が弱まる時期に入ると、名目賃金がいきなり大幅に削減されて、この先は上がるしかないとみんなが思う場合が、有効需要強化にとって最も有利となります。でもこれは行政の政令によって実現するしかないし、自由な賃金交渉制度の下では、まったく現実的な政策とは言えません。むしろ賃金はがっちり固定されていて、目に見えた変動は不可能だと思われていたほうが、不景気に伴って名目賃金がじわじわ下がり続けるよりはずっといいのです。賃金がちょっと下がったら、それは失業者数がもっと増えるという信号だと思われてはたまりません。たとえば、来年は賃金がさらに2パーセント下がるなと思われたら、同じ時期の支払い金利がおよそ2パーセント上がるに等しくなります。同じ話は、好況の場合にも、符号だけ変えて同様にあてはまります。
ここから、現代世界の実際の慣行や制度から見て、柔軟な賃金政策でじわじわ失業に対応するよりも、硬直的な名目賃金政策を目指すほうが好都合なのだ、ということになります――少なくとも、資本の限界効率から見る限りでは。でもこの結論は、金利から見るとひっくりかえるでしょうか？

理論的には、賃金を変えずにお金の量を増やしたときの金利への影響とまったく同じものを、賃下げにより生み出すことはできます。すると賃下げは、完全雇用を確保する手段としては、お金の量を増やすのと同じ制約に直面するということになります。お金の量を少しだけ増やしても、長期金利には十分な効果が出ないかもしれず、またお金を増やしすぎたら、信頼性を乱す効果によって他の長所を相殺しかねません。それと同じく、名目賃金をちょっと減らしても不十分で、大幅に減らすなどということができたとしても、それは安心を潰してしまいかねません。

したがって、柔軟な賃金政策が継続的な完全雇用を実現できるという信念には根拠がありません――公開市場金融政策が、単独でその結果を実現できるのが根拠レスなのと同様です。経済システムは、この路線で自己調整的にはなれないのです。

もし完全雇用以下になったら、労働者が常に行動を起こせて（そして実際に起こして）団体行動で名目賃金要求を引き下げ、賃金単位に比べたお金をきわめて潤沢にして、金利が雇用と整合する水準まで下がるようにする地点まで行動する、というのだったら、これは銀行システムではなく、労働組合が実質的に完全雇用を目指した金融管理を行っているということになります。

それでも、柔軟な賃金政策と柔軟なお金の政策は、分析上は同じことで、賃金単位で測ったお金の量を変えるためのちがう手段にすぎないとしても、他の面では両者には天と地ほども差があります。ひときわ目につく考慮事項を四つ、ざっと思い出していただきましょう。

1 賃金政策が政令で決まる社会主義社会でもない限り、あらゆる労働階級に対して一律の賃金引き下げを確保する手段はありません。その結果をもたらすには、一連の段階的で不規則な変化に頼るしかなく、それを正当化するような社会正義尺度や経済的な意義はまったくなく、おそらく一様な賃下げが実現するまでに無駄で悲惨な闘争が展開され、交渉の立場がいちばん弱い者が、他のみんなに比べて相対的に苦しむことになるでしょう。一方、お金の量を変えるのは公開市場政策やその他類似手段によって、ほとんどの政府がいまでも十分にできることです。実施があまりに困難で実施不可能と思われる手段よりは、比較的簡単に実施できる手段のほうが望ましいと判断されるべきでしょう。

2 もし名目賃金が柔軟でないなら、こうして生じる物価変動は（限界費用以外の配慮で決まる「統制」価格や独占価格は除いて）主に、既存設備の限界収益率低下に対応して生じます。限界収益率が下がるのは、既存設備からの産出が増えるからです。ですから、労働者と、他の生産要素で支払いが金銭契約で決まっているような存在（特に金利生活者や、企業や機関や政府に常勤雇用されている固定給の人々）との間に、実践可能な最大の公平さが維持され、社会正義と社会的な意義が実現されます。お金で見て比較的柔軟性のない所得をもらう大きなグループがあることを考えると、柔軟な通貨政策に比べて柔軟な賃金政策を好むなど、正義感に欠けるとしか思えません。

3 賃金との比率で見たお金の量を増やすために、賃金を減らすという手法は、それに比例して債務負担を増やします。同じ結果をお金の量の増大で生み出し、賃金単位はそのままにしておくと、正反対の影響が出ます。多くの種類の債務が過大な負担になっていることを考えると、前者を好むなど、未熟者としか思えません。

4　もしジリ貧の金利がジリ貧の賃金水準によって引き起こされたなら、右に挙げた理由から、資本の限界効率には二重の負担がかかることになり、投資を先送りする理由も二重になり、したがって回復の先送り理由も二重になります。よってここから、労働がじわじわ減る雇用に対応して、じわじわ減る名目賃金でサービスを提供するとしたら、これは実質賃金を減らす効果は持たず、むしろ産出へのマイナス効果を通じてかえってそれを高めるかもしれない、ということになります。この方針の主要な結果は、物価をすさまじく不安定にすることで、その変動があまりに激しくて、私たちの暮らす社会で見られるような事業上の計算をするのが無意味になるかもしれません。

ですから安定した名目賃金の全体的な水準を維持するという政策こそ、閉鎖経済にとっては最もお奨めできる政策だと思います。同じ結論は開放経済にもあてはまりますが、それは世界の他の部分との均衡が、変動為替レートによって確保できるという条件つきです。一部の産業では、賃金がある程度柔軟だとメリットもあります。衰退しつつある産業から成長しつつある産業への移転を促進したりできるからです。でも全体としての名目賃金水準は、少なくとも短期では、できるだけ安定に保つべきです。

この政策だと、物価水準もそこそこの安定性を実現できます。物価水準は短期的には、雇用量が限界原価に影響する限りでしか反応しません。一方、長期的には新技術や新しいまたは増設した設備からくる、生産費用の変化に反応して変わるだけです。確かに、雇用に大きな変動があれば、物価もそれに伴って大きく変動します。でも前に述べた通り、その変動は柔軟な賃金政策の場合よりは小さくなります。ですから硬直的な賃金政策だと、物価安定性は短期的に、雇用の変動回避と密接にからんできます。

一方、長期で言うと、技術と設備の進歩にあわせて物価がゆっくり下がるのを許す一方で賃金は安定に保つ政策と、物価を安定させて賃金をゆっくり上昇させる政策との選択肢があります。全体として私は後者の選択肢が好みです。将来は賃金が上がるという期待があれば、賃金が下がるとみんなが思う場合に比べ、実際の雇用を完全雇用の範囲内におさめやすいからです。そしてだんだん負債の負担を減らせるし、衰退産業から成長産業への調整も容易になるし、名目賃金がだんだん上がるのでやる気も出るというのもこちらがよいと思う理由です。

第20章 雇用関数

point

これまでは、有効需要が変わったときの雇用変化の中身は問題にしなかった。でも実際には、産業によって雇用弾性はちがう。それによって需要が増えたときに、その産業での雇用増につながるか、その産業の製品価格上昇につながるかは、変わる。だから有効需要の増大は、雇用増と物価上昇を同時に引き起こす。完全雇用を超えると、物価上昇だけになる。有効需要が減る場合はその逆になる。

では雇用関数に戻りましょう。これまでは、有効需要が変わっても、その中の産業や製品の構成比は同じだと想定してきました。でも実際には総支出が変われば、その内訳の構成比も変わります――所得が増えると、人々の買い物の中身も変わってくるからだし、また各種商品の価格は、それらに対する購買支出が増えたときに、反応の程度がちがうからです。

これを考慮に入れると、総有効需要に完全に比例して雇用が変化するというこれまでの想定は、せいぜいが一次近似でしかないことになります。つまり、総需要の増分が各種の商品にどう振り分けられるかによって、雇用量はかなり変わってしまうのです。

たとえばもし需要の増分が、主に雇用弾性の高い製品に向けられたら、雇用弾性の低い製品に需要が向かった場合に比べて、総雇用の増分は大きくなります。同様に、総需要がまったく変わらなくても、需要の方向性が雇用弾性の比較的低い製品に流れてしまったら、雇用は下がってしまいます。

これは、特に短期的な現象を考える場合には重要となってきます。一部の製品は生産に時間がかかるので、その供給をすぐに増やすのは現実的には不可能です。だからもしそれらの製品に追加の需要が向いたら、急に人を雇うのはむずかしいので、雇用の弾性は低くなります。でも需要が増えることが十分前からわかっていれば、その分だけ雇用を増やせる余裕があるので、雇用弾性は1に近づくでしょう。

ですから有効需要増加がまっ先に消費の増加という形でくると、初期の雇用弾性は、投資増で有効需要が増えた場合に比べて、その後の均衡水準よりずっと低いものとなります。さらに、もし需要増が比較的雇用弾性の低い製品に向けられたら、その増分のかなりの部分は事業者の所得を太らせることとなり、賃金労働者やその他原価要因に行く比率は小さくなります。すると考えられる結果としては、事業者は賃金労働者よりも所得増分を貯蓄にまわす率が高いので、その影響は支出増には少し不利になるかもしれません。

需要の変化がどれほど前からわかっていても、ある投資増加が起きてすぐの雇用弾性は小さめで、それがだんだん大きくなっていずれ均衡します。生産のあらゆる段階で余剰の在庫や余剰生産能力があれば、雇用弾性は変化しないかもしれませんが、そうした在庫取り崩しは投資増加を相殺してしまいます。そうした在庫の状況、レント要因、金利変化などで状況は常に変化します。だからこうした経済では、物価の完全な安定は不可能です。でもこうした形で物価が変動しても、投資が増えるような利潤増加にはつながりません。突発的に利潤が入ってくる事業者たちは、生産のかなり後段の製品を持っている事業者たちです。ですから変化に伴って生じる物価変動は、幸運な事業者の懐に棚ぼた式の利益をもたらすだけなのです。でもだからといって、物価安定からちょっと一時的に逸脱したからといって、必ずしも累積的な不均衡が引き起こされるということにはなりません。

有効需要が不足していると、労働の過少雇用が起こることを示しました。過少雇用とはつまり、いまの実質賃金よりも低い賃金でも喜んで働く人々が、失業している状態のことです。この場合、有効需要が増えると雇用が増えます。でもその際の実質賃金は、変わらないかむしろ下がります。やがて、その時点の実質賃金で余っている労働はなくなります。つまり、名目賃金が（その後は）物価よりも急速に上昇しない限り、それ以上雇える人（またはいまの労働者の労働時間を延ばす余地）がないということです。

では、それでも支出／売上がまだ増え続けたら何が起こるでしょうか？　製品をもっと作ろうとして、同じ設備資本を使う労働を増やすと、収穫逓減が起きて追加で作れる製品も減ります。でも実質賃金も下がるので、その目減り分はそれで相殺され、製品の値段を上げる必要はありません。でもその先だと、追加の労働力を雇うには、もっと賃金を上げる必要が出てきます。そしてその労働力による追加の生産量は減ります。その分だけ価格も上げなくてはなりません。ですから賃金と価格、ひいては利潤も、みんな支出／売上と同じ比率で上昇し、生産量と雇用などの「実物」ポジションは、あらゆる点で変わらないということです。つまり粗雑な貨幣数量説（「速度」は「所得速度」の意味だと解釈します）が完全に満たされることになります。

またインフレとデフレには明らかに非対称性が生じます。完全雇用に必要な水準以下の有効需要減少は、物価だけでなく雇用も減らすということになるからです。そしてこの水準以上のインフレは単に物価に影響するだけです。この非対称性は単に、労働者は実質賃金が低すぎれば仕事を自由に辞められるのに、実質賃金水準がずっと高くなっても確実に仕事の口をよこせと強制できる立場にはない、という事実を反映しているのです。

第21章

価格の理論

The General Theory of Employment, Interest and Money

| point |

前章と同様に、失業がある中でお金の量を増やし、その結果として有効需要が増えると、雇用増加と物価上昇が同時に起きる。完全雇用だと、物価上昇だけになる。このとき、名目賃金が変動すると、経済はアンカーを失って物価も不安定となり、経済全体も不安定になる。経済の安定のためには、賃金を下げるよりはお金を増やして失業を抑えつつ、物価と賃金はだんだん上がるようにするのが望ましい。

経済学者たちはずっと、価格は需要と供給で決まると教えてきました。特に、限界費用と短期的な供給弾性が大きな役割を果たす、というのがその教えです。でもお金との関わりで価格や物価を考える話になると、もうこうした素朴ながらもわかりやすい概念にはお目にかかれません。そこでの価格はお金の量とか、所得速度とか、取引量と比較した流通速度とか、抱え込みとか、強制貯蓄とか、インフレとかデフレとか、その他あれやこれやに支配されています。そしてこうした漠然とした用語を、以前の需要と供給の弾性といった概念と関連付けようという試みは、ほとんどまったく行われません。

　これまでの章の狙いの一つは、この二重生活を脱して価格理論を全体として価値の理論と密接に結びつけることでした。経済学が、一方では価値と分配の理論となり、一方でお金の理論になったのは、私が思うに、偽の分裂にすぎません。正しい二項対立の片方は個々の産業や企業の理論で、ある一定量のリソースの使い方を変えたときの報酬や分配についてのものです。そしてもう一方は、**経済全体としての**生産と雇用の理論です。個別産業や企業だけを考え、雇用されたリソースの総量は一定だと想定し、他の産業や企業の条件は変わらないと考えるなら、お金の重要な特徴など考えなくてよいのは事実です。でも、経済全体としての産出と雇用を決めるものは何かという問題に移ったとたん、金銭経済の完全な理論が必要になるのです。

　あるいはこの両者のちがいは、固定された均衡の理論と、移動する均衡の理論との間にあると言えます――後者はつまり、未来についての見方が変わることで現在の状況に影響が及ぶシステムについての理論です。**というのもお金の重要性とは基本的に、それが現在と未来を結ぶものであることから生じているのです**。前者はつまり、将来についての見通しが完全に固定されて信頼できる世界において、通常の経済的な動機の下、各種の用途の間でどんなリソース分配が均衡と整合性を持つか、という理論です。でも後者の理論では、世界はそんなに単純なものではありません。当初抱いていた予想が裏切られることもあります。そしてそこでは未来についての期待が今日の行動に影響します。これがまさに現実世界の理論です。

　そして現在の活動に期待変化がどんな影響を与えるかを論じるには、お金を使わなければ話になりません。黄金や銀や法定通貨などを廃止したところで、お金をなくすことはできません。耐久財はどれもお金の属性を持てますし、したがって金銭経済に特徴的な問題だって引き起こせるのです。

　ある単一の産業の価格水準は、その限界費用に含まれる原価率と、産出規模に左右されます。全産業へと移行したとき、この結論を変えるべき理由はありません。一般物価水準は、限界費用に含まれる生産要素への支払いと、全体としての産出規模、ひいては（設備と技術は所与と考えれば）雇用量に左右されます。確かに、全体としての産出へと移行すれば、どれか一つの産業における生産は、部分的には他の産業の産出に左右されます。でももっと重要な変化は、需要の変化が費用と量の両方に与える影響です。総需要を一定として個別の製品の需要を単独で考慮するのではなく、全体としての需要を扱うようになると、需要側にこそまったく新しいアイデアを導入しなくてはならないのです。

もし話を単純化して、限界費用に含まれる生産の各種要素に対する支払いがみんな同じ割合で変わるとすれば、一般物価水準（設備や技術は所与とします）は部分的には賃金水準に左右され、部分的には雇用量に左右されるということになります。したがってお金の量の変化が物価水準に与える影響は、賃金水準への効果と雇用への効果の複合物だと考えられます。

想定をさらに単純化しましょう。（1）失業したリソースはすべて、必要なものを生産する効率において均質であり交換可能とします。（2）また限界費用に含まれる生産要素は、失業者が余っていれば同じ名目賃金で満足するとします。この場合には、収穫一定で、賃金は失業がある限り硬直的となります。すると失業がある限り、お金の量は物価に何一つ影響しないことになります。そしてお金の量の増加がもたらす有効需要増加にずばり比例して、雇用も増えることになります。一方で、完全雇用が実現されたとたんに、有効需要の増加と比例して増えるのは、賃金単位と物価ということになります。ですから、失業がある限り完全に弾性的な供給があり、完全雇用になったとたんに完全に非弾性的な供給があるならば、そしてさらに有効需要がお金の量とまったく同じ割合で変わるなら、貨幣数量説は以下のように言い換えられます。「失業がある限り、雇用はお金の量と同じ割合で変わる。また完全雇用下では、物価はお金の量と同じ割合で変わる」。

これを現実にあわせて条件を緩め、もっと複雑な分析を行うことは十分可能です。ただしややこしい要素を一つずつ選り分けて、仮の結論に到達したら、こんどは自分のやってきたことに立ち戻り、それぞれの要因の可能な相互作用の可能性を、できる限り検討しなくてはなりません。これが経済学的思考の本質です。

定式化された思考原理（でもこれがないと森の中で迷子になります）をこれ以外のやり方で適用しようとしたら、まちがいにはまりこんでしまいます。経済分析システムの定式化として使われる、記号重視の数学もどき手法の大きなまちがいは、関連要素同士が厳密に独立だとはっきり想定してしまい、その仮説が許されない場合には説得力や意義が一切失われてしまうということなのです。普通の言葉での表現だと、やみくもに操作を行うだけではなく、常に自分が何をしていて言葉が何を意味しているか知っているので、後で考慮すべき留保条件や但し書きや調整をすべて念頭に置いておけるのです。でもややこしい偏微分方程式を何ページにもわたる数式（しかもその偏微分がすべて消えてしまうと想定しているもの）を念頭に置いておくことなどできません。最近の「数理」経済学のあまりに大きな部分は単なる作り物でしかなく、その根底にある当初の想定と同じくらい厳密性に欠けているのに、著者はもったいぶった役立たずな記号の迷路の中で、現実世界の複雑性や相互依存性を見失ってしまうのです。

それはさておき、限界原価に含まれる要因すべての報酬が賃金水準と同じ比率で変わると想定するのは、一次近似として有用です。限界原価に含まれる要素の報酬の加重平均を取って、それを**費用単位**と呼びましょう。この費用単位は、価値の基本的な基準と見なせます。技術と設備の状態が決まっているときの物価水準は、部分的には費用単位に左右され、部分的には生産規模に左右されます。そして生産量が増える場合の物価水準は、費用単位の増加率より**高い**比率で、短期的には収穫逓減の法則にしたがって高まるのです。ある代表的な生産要素から得られる限界収益が、その産出量を生産するための最低水準となるところまで生産量が増えたら、完全雇用が実現したことになります。

有効需要量がそれより増えても、生産量がそれ以上増えることはなく、増分がすべて有効需要の増加率と同じだけの費用単位増加に費やされる場合には、真のインフレと呼ぶのが適切な状況に達したことになります。この時点まで、金融拡大の影響は純粋に程度問題で、インフレ条件が調ったとはっきり宣言できる点はありませんでした。これ以前のお金の量の増大は、有効需要を増やす限りにおいて、部分的には費用単位増加に使われますが、部分的には産出増大に使われます。

したがってどうやら、ここを超えると真のインフレが起きるという重要な臨界点をはさんで、一種の非対称性があるようです。有効需要がこの臨界点以下に収縮すると、雇用と物価が両方とも下がります。一方で、有効需要がこの水準より上がると、一般には雇用はそれ以上増えず、物価だけが上がるのです。

もし完全雇用以下の状況で名目賃金がどこまでも下落するなら、この非対称性は確かに消えます。でもその場合には、金利がそれ以上下がらない下限に達するか、あるいは賃金がゼロになるまで、完全雇用以下での均衡点はなくなります。金融システム内での価値に少しでも安定性を与えるためには、お金で測ったときの価値が固定ないしは、少なくとも粘着的であるような要素がどれか必要なのです。

これまでは、お金の量の変化が物価に与える影響を、主に短期で考えてきました。でも長期だと、もっと簡単な関係がないのでしょうか？

これは純粋理論というよりは歴史的一般化の問題です。もし流動性選好が長期的に概ね一定なら、確かに国民所得と流動性選好を満たすのに必要なお金の量との間には粗っぽい相関があり得ます。たとえば、人々が国民所得のうち、何も生まない現金として長期的に持ちたがる水準がかなり安定して決まっているかもしれません。そうなれば、活発に流通する量以上の現金があれば、遅かれ早かれ金利はこの最低線の近くにまで下がってくるでしょう。すると他の条件が一定なら、金利の低下は有効需要を増やし、増えた有効需要は賃金単位の不連続な上昇をもたらします。そしてそれは、物価にもそれ相応の影響をもたらすでしょう。余ったお金の量が国民所得に比べて異常に低い比率ならば、逆の傾向が生じるでしょう。

　こうした傾向はたぶん、上昇時のほうが下降時よりもうまく機能するはずです。でもお金の量が長い間不足し続けたら、その逃げ道としては通常、賃金を無理矢理下げて債務負担を増やすよりはむしろ、お金の基準や通貨システムを変える道が選ばれます。ですから超長期で見た物価はほぼ常に上昇傾向にあります。なぜならお金が比較的たっぷりあるときには、賃金は上がり、お金が比較的少ないときには、実質的なお金の量を増やすための何らかの手段が編み出されるからです。

　19世紀には、人口増と発明増、新しい土地の開放、安心の状態や、10年くらいごとの戦争などのおかげで、消費性向もあいまって、まあまあ満足できる平均雇用水準と、富の保有者にとって心理的に容認できる金利とが整合するだけの資本収益率が実現されていたようです。過去150年近くにわたり、主要金融センターにおける長期金利の通例は5パーセントくらいでした。そして優良金利は3-3・5パーセントです。そしてこうした金利は、まあまあ我慢できる程度の雇用を維持できる投資量を促せる程度には低いものでした。時には賃金も調整されましたが、お金の基準や金融システムを調整するほうが多かったのです（特に銀行紙幣の発達でこれが生じました）。ですから物価はほどほどに安定していましたが、労働の効率もまた上昇しました。賃金は全体としては安定して上昇しましたが、1820年から1914年にかけての物価指数を見ると、最高時は最低時のたった50パーセント高いだけです。

これは偶然ではありません。当時は個々の雇用者集団が強くて、賃金が生産効率よりあまり急に上がらないようにできました。また金融システムがそこそこ流動的で十分に保守的なため、賃金と比べたときの平均的なお金の供給で金利水準はそれなりに低く抑えられ、富の保有者たちが容認できる最低水準程度にとどまっていました。そうしたいろいろな力のバランスが、物価安定を可能にしたのです。平均的な雇用水準はもちろん完全雇用を大幅に下回ってはいましたが、革命的な変化を引き起こすほど我慢ならない低さというわけではありませんでした。

今日、そしておそらくは将来も、資本の限界収益率は各種の理由のために、19世紀よりはずっと低いでしょう。つまり現代の問題が持つ熾烈さと特異性の原因は、そこそこの平均雇用水準を可能にする平均金利が、富の保有者たちから見るとあまりに低すぎるので、お金の量を操作するだけではすぐに確立できないせいなのです。我慢できる程度の雇用水準が、お金の適切な供給保証だけで何十年も実現できるものなら、19世紀ですらその方法を見つけ出せたことでしょう。

　でも現代経済で最も変えにくい要素は、富の所有者全般に受け容れられる最低限の金利です。もし我慢できる雇用水準を実現するために、19世紀の標準よりもずっと低い金利が必要なら、それをお金の量の操作だけで実現できるかどうか、怪しいものです。資本の限界収益率を見て借り手が期待する利潤率からは、（1）借り手と貸し手を引き合わせる費用、（2）所得税など公租公課、（3）貸し手が自分のリスクと不確実性をカバーするための余裕、という三つが差し引かれて、やっと富の保有者に投資を促すための純収益が得られます。耐えられる平均雇用の条件下でこの純収益がないも同然になってしまったら、昔ながらの手法は使い物にならないかもしれません。

第22章 事業サイクルについてのメモ

The General Theory of Employment, Interest and Money

| point |

景気の循環はなぜ起こるのか？　それは、投資が大きく変動するから。そしてその変動の鍵は、投資の期待収益率。これは根拠レスな付和雷同の気分に左右されるので、みんなが何かのきっかけで不安にかられると急落し、投資は激減する。その際、不安にかられた投資家が現金に走る。そのため流動性選好も高まって金利も上がるので、投資激減に拍車がかかる。お金を増やして金利を操作するだけでは対処しきれな

いし、その不安の解消には時間がかかる。だから律儀にバブル潰しをやるより、金利を抑えて軽いバブル状態を保つのが最適。

これまでの章では、各時点における雇用量を決めるのが何かを示してきました。それが正しいならば、この理論は景気の変動という現象を説明できるはずです。

実際の景気変動はきわめて複雑なものです。そこには消費性向や流動性選好、資本収益率の変動がすべて関係しています。でも事業サイクルは資本の限界効率の周期的な変化によって引き起こされると考えるのがいちばんいいのではないでしょうか。ただしそれが、経済システムの他の重要な短期変数に生じる関連した変化のために複雑化し、時に増幅されているのです。

周期的な運動というのはつまり、上下変動を繰り返すということではあります。またその時系列推移や、上下変動の期間に、ある程度の規則性があるということも意味しています。

でも、景気変動の場合、カバーすべき特徴がもう一つあります。それは**経済危機**という現象です——上昇から下降への転換が、しばしば突然暴力的な形で生じるのに、下降傾向が上昇傾向に変わるときには、そんな急激な転回点はない、ということです。

投資が変化すれば、それに対応した消費性向の変化が起きない限り、必ず雇用の変動が起きます。投資の量はきわめて複雑な影響を受けるので、投資自体の変化や資本収益率の変動がすべて周期的なものになることはほぼあり得ません。19世紀の環境における典型的な産業事業サイクルの場合、資本収益率変動が周期性を持つ決定的な理由がいくつかあるようです。こうした理由は、それ自体としても事業サイクルの説明としても、決して目新しいものではありません。ここでの私の唯一の狙いは、それをこれまでの理論と結びつけることなのです。


私の言いたいことをいちばんうまく紹介するには、好況の後期に入って「危機」が到来するところから始めるのがいいでしょう。

これまで資本の限界収益率は、資本財の現時点での豊富さや希少性、生産費用に依存するだけでなく、資本財の将来収益についての期待にも左右されるということを見てきました。ですから耐久資産への新規投資でも、将来についての期待が大きな役割を果たします。でもこれまで見た通り、こうした期待はかなり根拠薄弱です。あやふやで変わりやすい証拠に基づいているため、そうした期待はいきなり激変します。

さて本書ではこれまで、こうした「危機」の説明として、取引目的や投機目的でお金の需要が増大し、金利が上昇傾向になることを強調しています。この要因が確かに加速要因となることもあるし、それが危機の火付け役になることさえあるかもしれません。でも私は危機の説明としてもっと典型的で、しばしば支配的なものは、資本の期待限界収益率の暴落だと考えます。

好況の後期段階は、資本財の将来収益に関する楽観的な期待がかなり高まるので、生産費用の上昇や金利の上昇も相殺できます。でも投資市場は、自分が何を買っているかほとんど何も知らない購入者と、資本的資産の将来収益よりは、市場の思惑の予測に血道をあげる投機家たちに影響されています。だから過剰に楽観的で買いのかさんだ市場に幻滅が到来すると、それはいきなり暴落します。さらに、資本の限界収益率暴落に伴って、失望と将来に対する不確実性が生じるので、これが自然に流動性選好の急増をもたらします――そのため金利も上がります。これが投資減少をさらに悪化させます。それでもこの状況の本質は、資本の限界収益率の暴落にあるのです。流動性選好は、その**後でないと**高まりません。

これこそまさに、不景気をかくも御しがたくしているものなのです。そのうち金利低下が回復に大きく貢献することになるのは確かです。でも最初は資本の限界収益性暴落が大きすぎて、いくら金利を引き下げても不十分かもしれません。もし金利引き下げだけで十分なら、回復にあまり時間もかからないし、金融当局が多かれ少なかれ直接コントロール可能な手法だけですむでしょう。でも実際には、普通はそういきません。そして資本の限界効率を回復させるのは、そうそう簡単ではありません。というのもそれを決めているのは、実業界の制御不能で聞き分けのない心理だからです。普通の言い方をすると、個人主義的な資本主義経済では、安心感を復活させることがいちばんコントロールしづらいのです。不況のこの側面は、銀行家や実業家が正しく強調していたことで、「純粋金融的」対処法を信奉していた経済学者たちはこれを甘く見ていたのです。

ここで私の論点です。事業サイクルで回復が始まるまでにある程度の時間がかかる理由は、資本の限界収益性回復を律する各種の影響のせいなのです。つまりある時期における通常の成長率と比較した耐久資産の寿命、そして第二に余剰在庫の保有費用のおかげで、景気下降の期間は偶発的なものにはならず、たとえば今回は1年で次回は10年などといった変動は見せず、習慣上の規則性、まあ3年から5年といった期間が毎回観測されるのです。

危機で何が起こるかを思い出しましょう。好況が続いている限り、新規投資のほとんどの当期収益は、そんなに不満なものではありませんでした。幻滅がやってくるのは、見込み収益の信頼性について突然疑念がわき起こるからです。それは新規に生産された耐久財の在庫が増えるにつれ、当期収益がだんだんジリ貧になってきたからかもしれません。もし現在の生産費用が後日よりも高いと思われたら、これも資本の限界効率低下のさらなる理由となります。疑念はいったん始まると、急速に広がります。ですから不況の発端では、たぶん限界効率がゼロかマイナスにすらなった資本がたくさんあるでしょう。でも、利用や劣化、陳腐化を通じた資本の減少が、一見してわかるほど十分な希少性を作り出して限界効率を上げるまでにかかる時間は、その時代での平均的な資本の寿命からくる、かなり安定した関数になっているかもしれません。もしその時代の特徴が変われば、標準的な時間間隔も変わります。たとえば人口増の時代から人口減少の時代になれば、サイクルを特徴付けるフェーズは長くなります。でもこれまでの話で、なぜ不況の期間がその時代における耐久資産の寿命や通常の成長率と明確な関係を持つのか、本質的な理由が得られます。

第二の時間安定要因は、余剰在庫の保有費用によるものです。危機で突然新規投資が止まれば、仕掛品の余剰在庫が積み上がるでしょう。こうした在庫の保有費用は、年率10パーセントを超えます。それを考えると、せいぜい3年から5年で在庫処分ができるような叩き売りが必要になってしまいます。さて在庫吸収プロセスはマイナス投資ですから、これはさらに雇用を抑えます。それが終わってやっと、目に見えて回復が感じられるでしょう。

さらに、運転資金削減も、下降期の産出低下には必然的につきものですが、これまたマイナス投資の一要素となります。そして不景気がいったん始まると、これは景気下落への強い累積的な影響を与えます。典型的な不況の最初期フェーズでは、たぶん在庫積み増しにつながる投資が続いていて、これが運転資金のマイナス投資を相殺するでしょう。次のフェーズでは、短期的に在庫と運転資金両方でマイナス投資が見られるでしょう。最低点を過ぎた後、たぶん在庫はさらにマイナス投資が続き、運転資金の再投資が相殺されます。そして最後に、回復がようやく軌道に乗れば、どちらの要素も同時に投資を後押しします。耐久消費財の投資変動に対する追加的で付加的な影響は、この背景の中で検討しなくてはなりません。この手の投資減少が周期的な変動をスタートさせてしまえば、この周期がある程度進行するまでは、回復の後押しはほぼ不可能です。

残念ながら資本の限界収益率が大きく下がると、消費性向も悪い方向に動きがちです。というのもそれは、証券取引所の株式の市場価値を暴落させるからです。さて証券取引所の投資に積極的な興味を示す人々にとって、特にその人が借りた資金で株式投資をしている場合には、これは当然ながらきわめて気の滅入る影響を及ぼします。こうした人々は実際の所得の状態よりも、そうした投資価値の上下動のほうが消費意欲に強く影響するかもしれません。今日のアメリカのように「株式志向」の社会だと、株式市場の上昇は満足のいく消費性向にとって、ほとんど不可欠な条件なのでしょう。そしてこの状況は、ごく最近までは見すごされてきましたが、明らかに資本の限界効率低下による景気沈滞効果をさらに悪化させるものなのは確実です。

いったん回復が始まれば、それが自分で自分を強化して累積する様子は明白です。でも下降フェーズだと、固定資本と原料在庫がどちらも一時的に余っていて運転資金が減らされている状態だと、資本の限界収益率が下がりすぎて、金利を実施可能な範囲でどれだけ下げても、新規投資を十分に確保するような形でそれを修正することはできなくなります。さらに先に見たように、株式市場でこれに対応する動きは、消費性向が最も必要とされるときに、それを抑えてしまうのです。レッセフェール条件では、雇用の大幅な変動を避けるのは、投資市場の心理が徹底的に変わらない限り不可能かもしれません。そしてそんな心理の変化が起きると期待すべき理由はありません。私は、当期の投資量の調整という責務を民間に任せておくのは安全でないと結論します。

これまでの分析は、好況の特徴は過剰投資であり、来る不況の唯一の対策はこの過剰投資を避けることだ、という見方と同じだ、と思われるかもしれません。その見方によれば、先に挙げた理由から低金利で不況を防ぐことはできないが、高金利で好況を避けることはできるとのこと。確かに、低金利が不況対策になるのに比べれば、高金利は好況対策としてずっと効果が高いという議論には説得力があります。

でもこうした結論を先の議論から導き出すのは、私の分析を誤解しています。そして私流の考え方からすれば、深刻なまちがいを含んでいます。厳密に言うと、過剰投資の状態とはそれ以上の投資がすべて単なるリソースの無駄遣いとなるような状態のことです。さらに、この意味での過剰投資が好況の通常の特徴だったとしても、その対処方法は高金利ではありません。高金利は有益な投資も排除してしまいますし、消費性向をさらに引き下げることにもなります。対処法は、所得の再分配などを通じて消費性向を刺激することなのです。

　もちろん、好況時の幻影のために、ある特定の資本的資産があまりに過剰に作られすぎて、産出の一部が明らかに資源の無駄遣いになっていることはあり得ます——いや実際その可能性は高いでしょう。ちなみに付け加えておけば、これは好況でないときにもたまに起こることです。するとつまり、**行き先のまちがった**投資につながるわけです。でもそれを超えたところでは、実際には完全雇用条件下でも2パーセントくらいの収益しかない投資が、たとえば6パーセントの収益をもたらすという期待で実施され、それに基づく値付けがされることが、好況の基本的な特徴として挙げられます。幻滅がやってくると、この期待は正反対の「悲観論の誤謬」で置き換わり、実際には完全雇用で2パーセントの収益をもたらす投資が、いまやマイナスの収益しかもたらさないという期待になってしまいます。その結果として生じる新規投資の崩壊のせいで失業が発生し、そのおかげで完全雇用下でなら2パーセント稼いでいたはずの投資も、本当にマイナスの収益しかあげられません。すると家は不足しているのに、今ある家は高すぎてだれも住めないというような状態になります。

ですから好況への対処方法は、金利の引き上げではなく、金利の引き下げなのです！　そうすることで、その好況なるものが長続きできるかもしれないのですから。事業サイクルへの正しい対処法は、好況を潰して世界を常にミニ不況状態にしておくことではないはずです。むしろ不況を潰して、世界を常にミニ好況状態にしておくことであるはずです。

なお驚異的に思えることかもしれませんが、事業サイクルの解決には、好況期の初期段階で金利を引き上げて、あらかじめ景気を冷やすことだと考える学派が存在します。しかしながら、雇用水準がたとえば以前の10年の平均水準よりも目に見えて上がりそうになったら、高金利を課してすぐにそれを潰すという厳しい方針は、通常は頭の混乱以上の根拠がまったくないような議論に基づいていることが多いのです。こうした学派の言うことは、私にはまったく理解できません。

第23章

重商主義、高利貸し法、印紙式のお金、消費不足の理論についてのメモ

The General Theory of Employment, Interest and Money

| point |

全体の中では、余談のような章。当時の古典派経済学からはトンデモ扱いされていた昔の経済思想が、実は根拠も正当性もあり、むしろそれを批判する古典派理論のほうがわかってないだけなのだ、と嘲笑する息抜きのような章となる。俎上に載ったのは、重商主義、高利貸し禁止、ゲゼルの印紙式通貨、マンデヴィルの倹約批判論など。

２００年ほどにわたり、経済理論家たちも、実務家たちも、貿易収支が黒字の国には特別な利点があり、貿易収支が赤字だと深刻な危険があるのは当然だと考えてきました。でも現在のほとんどの経済理論家たちは、これはまったく根拠がないと主張しています。というのも貿易のメカニズムは自己調整的であり、それに介入しようという試みは無駄なばかりか、それを実施しようとする者たちを大きく貧窮させる、なぜならそれは国際分業の利点を阻害するからである、というのがその議論です。伝統にしたがい、便宜的に古い意見を重商主義と名付け、新しい意見を自由貿易と名付けましょう。

現代の経済学者たちは、国際分業から得られる利得は重商主義的な慣行からの利点を十分に上回ると断言しています。そればかりか、重商主義者の議論は、徹頭徹尾、知的な混乱に基づいているのだ、というのです。

ある国がちょっと急激に富を増やしているとき、そのままだとこの嬉しい状態のさらなる進行を阻害しかねないのは、新規投資への誘因が不足することです。消費性向を決める社会政治環境と国民条件を考えると、進歩的な国の厚生は基本的に、投資誘因が十分にあるかどうかで決まります。国内投資の機会は長期的には、国内金利で決まります。一方外国投資の量は必然的に貿易黒字の規模で決まります。ですから公共投資がない社会だと、政府は国内金利と国際貿易収支に注目するしかありません。

さて金利は社会の流動性を満たすための貴金属の量で決まります。そして貴金属の量の増減は、貿易収支が黒字か赤字かでもっぱら決まります。

だから当局が貿易黒字にこだわったのは、それが国内投資にとっても国際投資にとっても重要だからですし、他に使える手段がないからです。当局が国内金利や他の投資誘因を直接コントロールする手段をまったく持たなかった時代にあって、貿易黒字を増やす手段は、外国投資を増やすための直接的な手段として、使える唯一のものでした。そして同時に、貿易黒字による貴金属流入は、国内投資を促進するために国内金利を引き下げるための、唯一の間接手段だったのです。

だからといって、輸入品をやたらに制限するだけでは、貿易黒字が増えません。初期の重商主義者たちはこの議論を大いに強調し、しばしば貿易規制に反対することとなりました。長期的に見れば、そうした規制は貿易黒字を減らすものだったからです。実際、19世紀半ばのイギリスという特殊な状況では、ほぼ完全な自由貿易こそが貿易黒字増大に最も有利な政策だったとすら言えるでしょう。戦後ヨーロッパでも、貿易収支を好転させるつもりの保護貿易が、実際には逆の結果を生んだ例だらけです。

だから拙速な保護貿易は慎みましょう。国際分業のメリットは、誇張されている面はあるにせよ、きわめて大きいのです。また、ある国の貿易黒字は別の国の貿易赤字です。だから各国は必要以上の貴金属を抱え込まないよう穏健な政策を採らねばなりません。穏健でない政策は貿易黒字を求める無意味な国際競争につながり、それは万人にとって有害です。そして最後に、貿易統制政策は各種の利権や管理上の無能などのため、結果として意図とは正反対の結果を引き起こしかねないのです。

だから、私は保護貿易をしろと言いたいのではありません。ただ、金利と投資の量は自然に最適水準に調整されるから、貿易収支にばかりこだわるなという考え方を批判したいのです。というのも私たち経済学者集団は、何世紀にもわたり実務的な国家運営の主要目的であったものを、子供じみたこだわりだとして扱うという尊大なまちがいの罪を犯してきたのは明らかだからです。

確かに重商主義者たちは、問題の存在には気がついても、それを解決できるところまで分析を進めることはできませんでした。でも古典派は問題を無視したのです。それはそうした問題が存在しないことにする前提条件を導入したためです。結果として、経済理論の結論と常識の結論との間には裂け目が生じてしまいました。

これと関連した別の問題があります。金利は社会的な利益を最高にするような水準に自律的には調整されず、絶えず高すぎるものとなりがちなので、賢い政府は規制と習慣と、さらには道徳律による刑罰まで導入することで金利を抑えるべきだ、というドクトリンのことです。

高利を禁止する規定は、記録がある中で最も古い経済的な慣行です。古代および中世社会においては、過剰な流動性選好による投資誘因の破壊は突出した悪であり、富の成長に対する第一の障害でした。そしてそれは当然のことです。というのも経済生活である種のリスクや危険性は、資本の限界効率を引き下げますが、その一部は同時に流動性選好を高めるからです。つまりだれも安全だとは思わない世界では、あらゆる手で金利を抑えないとあまりに高金利になるので、適切な投資が実現しないのです。

いまそうした議論を読むと、古典派理論がどうしようもなくごっちゃにしてしまったものを区別しようとする、真摯な知的努力に見えます。つまりそれは金利と、資本の限界効率とを区別しようとしていたのです。資本の限界効率を高くしつつ、規制と慣習と道徳律を使って金利を引き下げておくのがなぜ必要かを、かつてのスコラ派の学者たちが何とか説明しようとしていたのは明らかなのです。

いい機会なので、ここで奇妙で不当にも無視されている予言者シルビオ・ゲゼル（1862

－１９３０）に触れておきましょう。ゲゼルはブエノスアイレスで成功したドイツ商人で、アルゼンチンで特に猛威をふるった１８８０年代末の危機をきっかけに、金融問題の勉強を始めました。

彼の狙いは、反マルクス的な社会主義を確立することとでも言いましょうか。でもマルクスとちがうのは古典派の仮説を受け入れなかったことです。むしろまったくちがった理論的基盤に基づいています。また競争を廃止するのではなく、それを自由に行わせるところもマルクスとちがっています。

ゲゼル独自の貢献は、まず利率と資本収益率を明確に区別し、実質資本の成長率に制限を設けるのが利率だと論じたことです。次に、金利は純粋に金融的な現象であり、お金の利率の重要性をもたらすお金の特異性は、それが富の蓄積手段でもあり、保有手数料が無視できることにある、と述べています。

でもゲゼルの理論には大きな欠陥があります。彼は、なぜ金利が他の商品利率のようにマイナスになれないのかを説明したのに、なぜ金利が正なのかを説明し損ねるのです。そしてなぜ金利が（古典派の主張するように）生産的な資本の収益が定める基準に左右されないのかも説明しません。これは流動性選好の概念を彼が考えつかなかったからです。彼は利子の理論を半分しか構築しなかったのです。

彼は実質資本の成長が金利によって抑えられてしまっているのだ、と論じます。だからこのブレーキが外されれば、実質資本が急増し、たぶんゼロ金利もかなり短期間で実現するはず、と論じます。ですから何より必要なのはお金の利率を下げることで、これを実現するには、お金にも他の実物在庫と同じような保有費用を持たせることだ、というのが彼の指摘です。ここから彼は「印紙（スタンプ）」紙幣という有名な処方箋を導きます。紙幣は毎月決まった印紙（スタンプ）を貼らないと価値が保てないようにするのです。その印紙（スタンプ）代はもちろん、何らかの適切な金額で固定されます。

この発想はしっかりしています。でもゲゼルが直面しなかった困難はいろいろあります。特に、流動性プレミアムを持つのはお金だけではなく、単にそれが他の物品よりも大きいだけだ、ということに気がついていませんでした。ですから印紙（スタンプ）制度で通貨から流動性プレミアムが失われたら、その穴を埋めようとして各種の代替品がいろいろ登場するだけです——銀行券、満期債権、外貨、宝石や貴金属全般、などです。

これまで検討した理論は、有効需要の中で、投資に関係するものです。でも失業という邪悪が消費性向の不足で生じる点に目を向けていた人々も存在し、そしてこちらも古典派経済学者からはものすごい非難を浴びてきました。それが再評価されるようになったのは、最近になってからです。

ヘクシャー教授は、著書『重商主義』で、こうした先駆的な消費不足批判、つまり倹約批判の例をたくさん集めています。たとえばバルボン（1690）はこう書いています。「ぜいたくさは個人にとってはよろしくないものだが、商売にとってはちがう。（中略）ねたみは悪徳であり、その人間にも商売にもよろしくない」。そしてそれに賛同する論者もたくさんいました。しかし倹約批判論を普及させたのは、主にバーナード・マンデヴィルの『蜂の寓話』で、これは実に悪名高いものとなっています。

『蜂の寓話』は、寓意的な詩です――「不満タラタラの巣、あるいは正直者になったジャックたち」は、繁栄していた社会で市民たちが突然に豪奢な生活を捨て、国が武器を減らして、貯蓄を励行しようとしたために生じる悲惨な運命を描いたものとなっています。そしてその説明を見ると、この詩には理論的な根拠がなかったわけではないことがわかります。

> この堅実なる倹約、一部の人が貯蓄と呼ぶものは、民間の世帯においては資産を増やす最も確実な手段であり、したがって一部の者は国が痩せ衰えていようと豊かだろうと、同じ手法を一般に追求すれば（彼らはそれが可能だと思っている）国全体にも同じ効果をもたらし、したがってたとえばイギリスは、近隣国の一部のように倹約を旨とす

ればずっと豊かになると考えるのである。これは、私が思うに、誤りである。

国を幸福に保ち、繁栄と呼ぶ状態にするには、万人が雇用される機会を与えることである。すると向かうべきなのは、政府の第一の任を、できる限り多種多様な製造業、工芸、手工芸など人間の思いつく限りのものを奨励することとすべきである。そして第二の任は、農業と漁業をあらゆる方面で奨励し、人類だけでなく地球全体が頑張るよう強制することである。国の偉大さと幸福は、豪奢を規制し倹約をすすめるようなつまらぬ規制からくるのではなく、この方針から期待されるものである。

かくも邪悪な思想が2世紀にもわたり、道徳家たちや経済学者たちの非難を集めたのも不思議ではありません（これは皮肉ですので、念のため）。ここにこめられた有効需要の思想が復活したのは、マルサスがそれを理論化してからのことです。また、ホブソンやママリーも、まだ不完全とはいえこの考え方を元に、古典派の正統教義に異議を唱え続けてきました。真の異端論者たるマンデヴィル、マルサス、ゲゼル、ホブソンらは、ぼんやりと不完全な形であっても、自分の直感に基づき真実を見ることを選んだのです。彼らは古典派理論のように、明晰さ、一貫性と明快な論理ばかりを重視するようなことはせず、事実から見て不適切な仮説に基づくまちがいを維持し続けるのを潔しとしなかったのでした。

第24章 結語：『一般理論』から導かれそうな社会哲学について

The General Theory of Employment, Interest and Money

point

これまでの理論が社会にとって持つ意味について考察した章。

● この理論は投資促進のために金利を下げようと主張してきた。すると金利生活者の安楽死をもたらし、それにより格差もなくなる。

● 経済における公共の役割を大きく拡大しろと主張する理論ではあっても、社会主義などとはちがい、個人や民間の自由な活動余地は十分に残している。

● 自国だけで完全雇用を実現できるようになるから、外国市場をめぐる争いという戦争の大きな要因もなくなり、平和にも貢献する。

すぐに受け入れられるかはわからないが、時間はかかってもこの思想は浸透して世界を変える。思想とはそういうものだ！

私たちが暮らす経済社会の突出した失敗とは、完全雇用を提供できないことであり、そして富と所得の分配が恣意的で不平等であることです。いままでの理論が前者に対してどういう関係を持つかは明らかです。でも二番目に関係する重要な側面も二つあります。

19世紀末以来、富や所得のきわめて大きな格差を取り除くにあたり、大きな前進が見られました。これは直接課税のおかげです。だったら、それをもっと強化したいところですが、障害が2種類あります。

一つは、巧妙な税金逃れがあまりに割りのいい商売になってしまうことと、リスクの高い高収益投資をしたがる人が減ってしまうことです。でももう一つ大きな障害は、個人が貯蓄することで資本は増えるのだという信念です。だからみんな、資本成長の相当部分は、金持ちによる余剰分の貯蓄のおかげなのだと思い込んでいます。課税を増やすと、金持ちの余剰分が減って資本が減る、というわけです。これは、相続税を上げると資本投資が減るという混乱した考えによくあらわれています。

でも現代の条件下だと、富の成長は金持ちの倹約なんかで生じたりしません。倹約はかえって富の成長を阻害します。だから富の大幅な格差を正当化したがる世間の議論の一部はまったくまちがっているのです。

私は所得や富の格差は、かなりの水準まで社会的心理的な正当化ができると考えていますが、でも今日ほどの大きな格差はとても正当化できません。

確かに有意義な人間活動の一部は、金儲けという動機が必要なこともあります。個人の富の所有がないと十分に実現できないこともあるでしょう。さらに、人間の危険な性向も、金儲けと個人の富の機会があれば、比較的無害な方向に昇華できます。そうした性向を金儲けや蓄財に向けてやらないと、それが残酷な活動や、個人の権力や権威の無軌道な追求など、困った方向にはけ口を求めかねません。

平均的な人、あるいは社会の一部の人がお金儲けの情熱に強く毒されているのであれば、適切なルールや制限だけ決めて、そうした蓄財や金儲けというゲームの実施は勝手に許すのが、賢く堅実な国家運営というものでしょう。でも今日ほどの高い掛け金でこのゲームが実施されているのは、有意義な活動の刺激や、危険な性向の満足のためだけとはとても言いがたいものです。

しかし私たちの議論からは、富の格差に関する第二のずっと根本的な議論が導かれます。その議論とは、金利の理論です。これまでは、貯蓄を十分に保つために高金利が必要だと考えられてきました。でも有効な貯蓄の規模は必然的に投資規模で決まるのであり、投資規模を促進するのは低金利だということを私たちは示しました。ですから完全雇用をもたらす資本の限界収益率を見極め、それにあわせて金利を引き下げるのがいちばん有利なのです。

この基準だと、金利はこれまでよりずっと低くなります。そして資本の増大をもたらせる資本の限界収益率から見て、完全雇用の状態を維持したいなら、金利は着実に下がり続けるはずです。

資本需要には、まちがいなく上限があるはずです。つまり、限界収益率がとても低い値になるまで資本のストックを増やせるはずです。だからといって、資本設備の利用が無料近くなるという意味ではありません。単にそうした設備からの収益は、摩耗や陳腐化による損耗と、リスクや技能と判断の適用をカバーするだけのマージンになるということです。つまり耐久財がその寿命期間中にもたらす総収益は、短命な財の場合とまったく同じで、その生産に使われる労働費用と、リスクや技能と監督分の費用をカバーする水準にしかならない、ということです。

別にこれで、個人の自由はまったく制限されたりはしません。でも金利収入は減るので、金利生活者はじわじわと安楽死することになるでしょう。そしてその結果、資本家たちが資本の希少から生じる価値を懐に入れるための、積もり積もった抑圧もじわじわ弱まって安楽死することとなります。今日の金利は地代と同じで、何か本当の犠牲に対する報酬などではありません。資本の所有者が利子を得られるのは、資本が希少だからです。そして、別に資本が希少でなければいけない理由などありません。別に利子を払ってまで資本を提供してもらう必要は、長期的にはないのです。

ですから資本主義の金利生活者的側面は移行期のものでしかなく、役目を終えたらそれは消え失せると私は考えます。そしてそれが消えれば、資本主義の他の多くの面も激変するでしょう。そういう金利生活者の安楽死、機能なき投資家の安楽死が突然起きる必要はありません。最近イギリスで見られたようなものが時間をかけて起こるだけです。だから革命で資本家を打倒する必要などないのです。

他の面から見ても、本書の理論が示唆するものは、そこそこ保守的です。というのもこの理論は、現在では民間中心の領域にも公共の介入をある程度確立するのが重要だと示すものではありますが、まったく公共が口出ししない活動領域も大量に残されているからです。

国家は、課税や金利設定などを通じて、消費性向を誘導する必要があります。さらに、銀行政策による金利の制御だけでは、最適な投資量を実現しきれないでしょう。ですから、かなり大規模な公共投資が、完全雇用に近いものを確保する唯一の手段となるはずです。

でもこれは国家社会主義体制などとはちがいます。国家の重要な仕事は、生産の道具を所有することではないのです。完全雇用の確保に必要な中央統制のためには、政府の伝統的な機能の大幅な拡張が必要です。でも、民間の発意と責任を行使する余地は相変わらず広範に残されるでしょう。その余地の中では、伝統的な個人主義の長所が相変わらず成り立つのです。その一部は効率性という長所です――分散化と自己利益作用がもたらすメリットです。でも個人主義は何よりも、その欠点や濫用さえ抑えられたら、個人の自由をいちばん守ってくれるものとなります。なぜなら他のどんなシステムよりも個人の選択の範囲を大幅に広げてくれるからです。

今日の権威主義国家体制は、失業問題を解決するのに、効率性と自由を犠牲にしているようです。確かに世界は、現在の失業を間もなく容認できなくなるでしょう。その失業は時々訪れる短い興奮の時期を除けば、今日の資本主義的な個人主義と関連しており、私の意見ではその関連性は必然的なものなのです。でも問題の正しい分析があれば、その病気を治癒させつつ、効率性と自由を維持できるはずです。

さっきさりげなく、新しいシステムは古いものよりも平和をもたらしやすいかもしれないと述べました。その側面を改めて述べて強調しておきましょう。

戦争にはいくつか原因があります。戦争は楽しい興奮が得られそうに見えるので、独裁者のような連中は国民たちの天性の好戦性を容易に煽れるという面はあります。でもそれ以上に世間の炎を煽る仕事を手助けするのが、戦争の経済的な要因、つまり人口圧と市場をめぐる競争的な戦いです。19世紀に圧倒的な役割を果たしたのはこの第二の要因だし、今後もそうなるかもしれません。こちらの要因がここでの議論の中心となります。

前章の重商主義の話で、19世紀後半には国内経済は自由放任、国際的には金本位制が基本だったので、政府が国内の経済停滞を緩和するには、市場を求めて争う以外に手がなかったと指摘しました。というのもその体制だと国が失業を緩和できる唯一の手段が、貿易収支の改善だけだったのですから。

この状況は現在でも変わっていません。いまの経済学者たちは現在の制度が、国際分業を促進して各国の利益を調和させていると自慢したがりますが、実はそんなに甘いものではないのです。各国の政治家たちは、それをしっかり理解しているし、それが彼らを動かしているものなのです。

でも各国が自国政策だけで完全雇用を実現できることを学習すれば、戦争の大きな経済要因が消えます。国際分業の余地もあるし、国際融資の余地も残されます。その一方で、ある国が自国の製品を他の国に押しつけなければならない火急の動機はなくなりますし、他国の産物を毛嫌いする理由もなくなります。

すると国際貿易の意味合いも変わってきます。いまの国際貿易は、自国の雇用を維持するために、外国市場に売上を強制し、外国からの購入は制限するというものです。これは成功しても、失業問題を近隣国に移行させるだけです。でも本書の狙いが成功すれば、相互に利益のある条件で、自発的で何の妨害もない財とサービスの交換が行われるようになるのです。

こうした発想の実現は非現実的な希望なのでしょうか？　政治社会の発達を律する動機面での根拠があまりに不十分でしょうか？　その発想が打倒しようとする利権は、この発想が奉仕するものに比べて強力だしもっと明確でしょうか？

ここではその答を出しますまい。この理論を徐々にくるむべき現実的手法の概略を述べるのでさえ、本書とはちがう性質の本が必要となるでしょう。でももし本書の発想が正しければ、それが持つ威力を当分は否定できないはずです。

現在では、人々はもっと根本的な診断を異様に期待しています。もっと多くの人は喜んでそれを受け入れようとし、それが少しでも可能性があるようなら、喜んで試してみようとさえしています。でもこういう現代の雰囲気はさておくにしても、経済学者や政治哲学者たちの発想というのは、それが正しい場合にもまちがっている場合にも、一般に思われているよりずっと強力なものです。というか、それ以外に世界を支配するものはほとんどありません。知的影響から自由なつもりの実務屋は、たいがいどこかの破綻した経済学者の奴隷です。虚空からお告げを聞き取るような、権力の座にいるイカレた連中たちは、数年前の駄文書き殴り学者からその狂信的な発想を得ているのです。

こうした発想がだんだん浸透するのに比べれば、既存利害の力はかなり誇張されていると思います。もちろんそうした発想はすぐには影響しませんが、しばらく時間をおいて効いてきます。というのも経済と政治哲学の分野においては、25歳から30歳を過ぎてから新しい発想に影響される人はあまりいないからです。ですから公僕や政治家や扇動家ですら、現在の出来事に適用したがる発想というのは、たぶん最新のものではないのです。でも遅かれ早かれ、善悪双方にとって危険となるのは、発想なのであり、既存利害ではないのです。

編訳者の解説

いかがだっただろうか（といっても、これを読んでいる人の7割くらいは、本文を読まずに先にこっちを読んでいると思うが）。が、かなり単純化したとはいえ、これを読むだけでケインズ『一般理論』のすべてをわかれというのは酷だろう。だからここで、改めてこの『一般理論』について整理しておこう。ケインズに多少関心ある一般読者のみなさんに理解していただきたいのは、以下のポイントとなる。

- 『一般理論』の理論的な流れ
- なぜ『一般理論』はわかりにくいとされるのか
- 『一般理論』の興亡と復活
- なぜ『一般理論』に対する評価が時代とともに180度変わるのか
- 有名な用語やフレーズ
- ジョン・メイナード・ケインズの生涯とゴシップ
- ケインズの描いた経済の未来

1

『一般理論』のあらすじ

すでに述べたように、『一般理論』は普通は、なんだかとてもむずかしい、読みにくい本だと思われているし、その主張についても必ずしも見解は一致していない。ぼくは、これが不思議なことだと思っている。というのも……理屈の流れそのものは、そんなにむずかしくはないからだ。それに納得するかは別問題。というわけで、以下に『一般理論』のあらすじを述べておこう。ただし、「はしがき」で省略した追加部分についても以下では含める。

メインの議論：

- 失業が起こるのは、経済全体の総供給力に比べ、需要が足りないから。
- でも、この需要と供給は価格を通じた市場メカニズムでは調整できない。名目賃金の引き下げが、とにかく嫌がられるからだ。
- 需要は、消費と投資に分けられる。このうち消費は概ね一定。だから需要が足りないのは、需要の中でも投資が足りないことが多いのが原因。

(だから公共投資をすれば失業は解消する)

- 普通の投資は、投資の期待収益率と金利の関係で決まる。金利より儲かるプロジェクトは投資される。
- ただし未来のことはわからないから、実は期待収益率はいい加減。厳しい評価と選別でよい投資プロジェクトを集めるはずの証券市場は、投機ばかりであてにならない。
- 使えるのは金利。金利は流動性選好で決まる。流動性=現金が手元に欲しい人が増えると、金利が上がる。概ね、所得が増える=景気がよくなるとみんな流動性を求めるけれど、投機や心理的要因もかなりある。
- そういう人に中央銀行がお金を供給すれば、現金の抱え込みが減って金利は下がる。また金利も投資家によるお互いの顔色うかがいの世界だから、中央銀行が決然と金利誘導すればすぐになびく。（だからお金の供給を増やし、金利誘導の方針を明確に示せば金利が下がり、投資が増え、需要も増え、失業が解消する！）

- まとめると、雇用は投資次第だ。投資は利子次第だ。利子はお金の需要次第だ。そして金利を決めるお金の市場は、失業の起こっている実体経済とは連動していない。完全雇用になるほうが特殊状況。失業があるほうが一般的。
- よって、『雇用、利子、お金の一般理論』！

おまけの議論：

- なぜ経済の中で「お金」だけが特別な地位を占めるのか？　勝手に作れないこと、代替がきかないこと、いくらでも貯蔵できることが原因だ。他の財はこういった性質で劣るので、お金の利率に比べて低くなる。たとえば、他の財では値段（＝利率）が上がれば増産されて供給が増し、その分だけ利率は下がる。でも現金は金利が上がっても供給は増えないので、金利は高止まりしたまま。
- だからみんな、何かあったらすぐにお金を貯め込むし、お金を基準にすべて考える。

つまりみんな、自分で作れないからこそお金を求め、それで失業が発生する。中央銀行がお金をどんどん創れば、これは解消される。

- 景気の循環は、投資家の気分で起きる。いったんみんなが不景気マインドになると、いいプロジェクトがあってもみんな尻込みする。景気がよくなれば、クズプロジェクトにもみんな投資する。
- でもそうは言っても、労働者がおとなしく賃下げに応じれば失業はなくなるのでは？　そうはならない。労働者は賃下げされても働く量は減らさない。だから需要が変わらなければ賃下げしても雇用も変わらない。むしろ賃下げされた労働者が消費を減らし、需要が減るかも。もっと賃金を下げられるかも、と雇用者が様子見して、雇用を増やさないかも。賃金という物価のアンカーがなくなると、経済自体が不安定になりかねない。
- これまで物価については、お金の量が増えれば物価が上がるという貨幣数量説が主流だった。でも失業があると、お金の量が増えれば一部は需要増加にまわる。貨幣数量説は完全には成立しない。
- 既存経済学が否定してきた各種の理論も、この『一般理論』を元に考えると一理あるものも多い。倹約否定論、重商主義、高利貸し禁止、スタンプ式のお金など。

- 高金利で金持ちが貯蓄に走ると、資本形成にも有害。課税して富の平等を追求すべき。
- 金利を下げれば不労所得者＝資本家の得る不労所得も下がる。また投資が増えることで資本が増え、資本の収益率も下がる。すると不労所得者も消える！
- この一般理論に基づけば、経済での政府の役割は確かに増える。投資の公共部分がずっと大きくなる。でも社会主義ではない。政府が枠組みを与え、それ以外の経済活動は個人の自由だ。だからこの理論は資本主義を守るためのものだ。そして各国がこれで完全雇用を実現できたら、市場をめぐる争いも不要なので戦争の必要性もなくなる。
- この発想が受け入れられるかはわからない。でも社会主義や統制経済を試すよりはずっといいんじゃないだろうか。それに正しい発想なら、いずれ影響力を持つはず。いまの経済の問題は、多くの人がはるか昔のまちがった発想を請け売りしているせいなのだから。

『一般理論』の骨子はこういうことだ。納得するかどうかはさておき、特にメインの議論の部分は、理屈としてはそんなにむずかしくはない。流れは明瞭だ。そもそもいまのぼくたちは、景気対策としての金利引き下げや公共投資、というのを知っているし、その背後にある理屈もある程度はわかっている。ここに書かれたことに、あまり違和感はないはずだ。

でも普通、『一般理論』はとんでもなくむずかしい本、ということになっている。そして確かに、実際に読んでみても、この流れが即座に理解できる人は少ないだろう。なぜだろうか？[1] その原因はいくつかあって、そのほとんどは読者のせいではなく、ケインズ（そしてその時代）のせいだ。

1　もちろん、山形の要約そのものがまったくピントはずれ、という可能性はないわけではない。

2

『一般理論』はなぜ難解とされるのか

本書がわかりにくい理由は、もちろん時代の差も大きい。いまやまさにこのケインズのおかげで当然になってしまっている常識が、当時はまったく通用していなかったようだ。その典型が、投資と貯蓄だ。いまのぼくたちは、景気回復には投資を促進すべきで、そのためには金利を下げるべきだ、というのを当然だと思っている。金利を上げて景気回復、なんてことを言うのはよほど変な人だけだ。ところが１９３０年代当時はちがった。この当時は、投資を増やすにはとにかくその原資である貯蓄を増やさないと、と思われていたらしい。だから、投資を増やすには、みんながもっと貯金するように金利を上げねばならないというのが主流だった。そして現代でも何かと倹約だ無駄遣いするな、と言いたがる人は多いけれど、当時はまさに、この貯蓄を増やすためにこそ倹約しなければいかんのだ、という理屈が存在していた。だからこそ本書では、第23章でマンデヴィル『蜂の寓話』絶賛を筆頭に、倹約批判論も随所に登場する。

ついでに、とにかく貯蓄を増やせという議論は、格差を容認するどころか、もっと拡大すべきだという議論になる。貧乏人はお金をすぐ使ってしまうけれど、金持ちは使い切れないお金を貯金する。だから、相続税も所得税も資産税も引き下げて、金持ちにいっぱいお金を貯め込んでいただくのが、各種インフラ整備などの投資には重要だ、と考えられていたようだ。それを知らずにケインズがそうした当時の通念に反論しているところを読むと、何を当たり前のことをくどくどと、いったいこいつは何と闘っているんだ、と思ってしまうのは人情だろう。

でも、本書のわかりにくさはそういった部分以外にもある。それは大きく次のようにまとめられるだろう。

- 体系を新たに構築するため、メインの議論に直接つながらない話がたくさん必要だった。

- 個別の部分でも、例外的な話までいちいち触れるために話の流れが途切れがちになる。
- 書き方が古風で、反語やほのめかしを多用した嫌みが多すぎる。

メインの議論からはずれた体系構築パーツの多さ

まずでかいところから見よう。上のメインの議論は、すでに何度か述べたようにかなり論理の流れがはっきりしている。失業はなぜ起こるのか、という問題意識から始まって、有効需要が足りないからだ、という大きな答をまず出して、その構成要素(消費と投資)と、そのそれぞれに影響する要因をまとめる。そして第18章でそれを改めて整理する。そこで終わっていれば、『一般理論』はもっとわかりやすかっただろう。

ところが本書は、それ以外の部分がやたらに多い。前出の「おまけの議論」の長さを見て欲しい。メインの部分を上回るほどだ。

内容的にも、お金とはなんぞや、という第17章の話は、えらく複雑な上、メインの議論の流れに直接貢献しない。これを説明しなくても、お金が特殊だということくらい、みんな黙っていても納得したのでは？　また第19–21章、雇用関数や物価の話も、基本的な流れには貢献していない（そしてそういう部分がいちばんややこしい）。第22章の景気循環の話も、ないほうが議論としてすっきりする。そういう部分が重要でない、というのではないよ。でも、読者は迷子になりやすい。

　でもケインズとしては、全部やっておかねばならなかった。物価の話も雇用関数の話も、お金の本質も。それは本書が、それまでは存在しなかったマクロ経済学の体系を一通り構築しようとしたためだ。だから、経済全体の物価水準＝賃金水準、つまりはインフレやデフレの話も絶対に必要だった。経済全体をまわすお金の理論も必要だった。景気循環も入れないと、なぜ不景気は起きるのか、という大きな問題に答えていないことになってしまう。

　この超訳では省いたけれど、第4–6章には、資本や投資の定義とか、ナントカ費用とかいうのをチマチマ論じ続ける部分がある。そこそこわかりやすい第1–3章の後でこれが延々続くために、これまた多くの人が本書を投げ出す。いまの読者はそもそもなぜケインズがそんな部分にこだわっているかもわからない。

でもそれは、その後各種の経済統計がこのケインズの考え方にあわせて整備されるようになったからだ。いまのぼくたちはそんな細かい部分を考えなくても、すでに「投資」や「資本」という概念が経済統計にきちんと出ている。でも、当時はちがう。だからケインズは、論理の流れを犠牲にしてもこうした章を入れておく必要があった。

つまり『一般理論』は、ある一つの主張や主題を説明するだけでなく、一つのそれなりに閉じた体系をつくる必要があったために、わかりにくくなっている。直線的な論理の流れを追うだけではすまない本なのだ。いろんな部分の関係をその都度繰り返すことになっていて、一本の論理の流れだけでは終われないのだ。

かなり例外的な話まで説明して流れが途切れがち

もう少しミクロに各章ごとに見ても、本書はいろいろ脱線する。何か基本的な考え方を説明しているところでも、急にごく例外的なケースについてあれこれ論じ始め、それを二重、三重否定すらちりばめたひねくれた構文で理屈化してみせる——それを読むうちに、多くの読者は議論の本筋をまちがいなく忘れ去って、迷子になってしまう。

　これはケインズが、当時の経済学正統教義に正面切ってケンカを売るにあたり、揚げ足をとられないよう、ありそうな反論に対していろいろ予防線を張ったせいもあるんだろう。そしてときにそれが、どこまでまじめなのかわからない変な重箱の隅まで突ついているように見えることも多い。

　ただし困ったことに、それを本当に重箱の隅と言うべきかどうかも、ときどきわからなくなってしまう。というのも一部の重箱の隅は、理論構築にとどまらず、１９３０年代の実際の経済に対する示唆も入れる必要から置かれているように見えるからだ。中央銀行が金利をかなり自由に誘導できるのだと述べたところで、ケインズはいきなり金利がゼロに近い場合とか、ハイパーインフレの場合とかについて話し出す。議論の本筋からすれば無駄だし、そんな寄り道をするから話の流れが見えにくくなる。でも当時はまだドイツのハイパーインフレの体験が記憶に新しかった。また１９３０年代もゼロ金利状況だった。だから時事的にもこのネタには触れざるを得なかった面もありそうだ。

　そしてもちろん、それが理論や政策面でどうでもいいわけではまったくない。いま挙げたゼロ金利状況、つまり流動性の罠は、アベノミクスのリフレ政策の出発点として大きな意味を持っている。後出の*IS–LM*モデルを提案したヒックスの論文でも、ゼロ金利のケースはケインズ理論のきわめて大きなポイントとされている。

そんなわけで読者は、議論の本筋からの脱線であっても、あっさり無視するわけにもいかないという、いささか面倒な状況に置かれてしまうわけだ。

古風な文体で嫌み全開

そして最後に書き方、あるいは文体の問題がある。

本書を名文と呼ぶ人もいる。が、日本でそう言っている人の7割くらいは、英語のよしあしが判定できるとは思えず、単なる個人崇拝でしかないように見える。確かに英語圏でもケインズを名文と言う人はいる。そしてそれはウソではない。ただしその場合の「名文」というのは、あくまで20世紀初頭のイギリス知識人として、という意味だ。それは諧謔とほのめかし、スノッブな（つまりわかりにくい）引用やジョークをまぶしつつ、朗々と展開される演説みたいなもの、ということでもある。これは現代的な基準からすれば意地悪で古くさい悪文になってしまう。

そしてケインズは、頭がいいぶん、そうした意地悪さにかけては名手だった。学生時代に主宰していたお勉強サロンでも、時事問題や哲学問題についての新入りたちのプレゼンテーションを、自分の日頃の主張とまるで整合しない理屈をこねてまで、かなり意地悪くいたぶっていたという。本書でも、それが顕著に出ている。

これは、この編訳者の勝手な見解ではない。この『一般理論』について、最初期に出た最高の要約論文である、ジョン・ヒックス「ケインズ氏と『古典派』たち」ですら、冒頭で本書を次のように評している：

> 「まったく好意的でない読者ですら、ケインズ氏『雇用の一般理論』の娯楽的な価値が、その嫌みったらしさのおかげで大いに増していることは認めるだろう。でも多くの読者は、この古典派愚人列伝の部分については、かなり困惑しているのも明らかだ。ケインズ氏の議論に説得され、自分がかつては「古典派経済学者」だったことを認めた人々ですら、改悛前の日々に自分はケインズ氏が言うようなことを信じてたっけ、と首をかしげてしまうのである」

ヒックスはケインズ派の重鎮の一人で、その明解なIS-LMモデルの考案により、ヘタをするとケインズ本人よりもケインズ理論の普及に大きな役割を果たした人物だ。その身内にすら、こんなことを言われてしまうような本ではあったわけだ。もちろんここにもある通り、ヒックスはその「嫌みったらしさ」を大いに楽しんではいる。が、ちょっとやりすぎじゃないか、という懸念も同時に述べている。ヒックスのこの論文は、『一般理論』は実は古典派の主張とかなり重なっているんだよ、というのを指摘したものでもある。だから、そんなに古典派を悪く言わないでもいいのでは、というわけだ。

　そしてその嫌みの度合いは、半端ではなかった。それをもろにくらったのがアーサー・セシル・ピグーで、古典派のドンであるアルフレッド・マーシャルの門下生としてケインズの大先輩の兄弟子格で、若い頃からずっと友人だったのに、この『一般理論』ではいきなりボケ役として、丸一章使って嘲笑されている。あまりの仕打ちにピグーは大ショックを受け、その後一生立ち直れていない。

　有名な「穴を掘って埋めるだけの公共事業」の部分も、「本当はもっと有意義なことをやればいいのに、みんなバカだからまったく無意味な事業をしたほうが納得するかもしれませんね（笑）」という嫌みの塊だ。そのせいでいまだに、ケインズは無駄な公共事業をやれと言ったのか、やるなと言ったのかで意見が分かれるありさまだ。さらに本書の第23章は、重商主義はえらかったとか、高利貸し禁止法は実は一理あったとか、楽しいながら本筋とはまったく関係ないネタばかり。ここらへんも「こういう議論の真価を見抜けない古典派はダメねー」という嫌みのためだけに書かれているようだ。

その典型は、その第23章でのマンデヴィル『蜂の寓話』の絶賛だ。ケインズが引用しているのは、ミツバチたちがあるとき贅沢は敵だと思い込んで、倹約により豊かになろうとする話だ。ところがおかげでその贅沢品の産業の雇用がなくなり、経済全体の有効需要が落ち込んで困窮しましたとさ。ケインズ的な有効需要の重要性を見事に示す寓話だ。ケインズは、マンデヴィルを評価せず不道徳の塊だと批判した昔の人たちの愚かさを、嫌み全開で嘲笑してみせる。普通の人はマンデヴィルなんて読んでないので多くの人は、このマンデヴィルがまさにケインズの先人なのかと思ってしまう。

ところがこの『蜂の寓話』を実際に読んでみると、とんでもない代物なのだ。マンデヴィルは、とにかく一切の規制や公的介入はダメだという筋金入りの自由放任論者だ。公害を出すのは仕方ない、みんなやるんだから我慢しろ。詐欺も仕方ない、だってちょっと他人を出し抜こうと思わない人はいないんだから。泥棒も戦争もゴミも病気も、その他すべて我慢しろ、放置しろ、成り行きに任せろ、規制するな、介入するなという、ケインズがまさに本書で否定している発想の人だ。同時代人や後世の人々から批判を浴びたのも当然だ。

それなのに、この倹約批判の部分だけ（ある意味で文脈を無視して）取り出して絶賛し、これを理解できない経済学者の目は節穴だと嘲笑してみせたのは……まあイギリスのインテリ特有の、悪趣味なネタだろう。ケインズだって、どう考えてもこんなマンデヴィルの主張に賛成していたわけがないのに、読者が困惑するのを見て喜んでいたとしか思えない。

そういう嫌みやほのめかしを真に受けて、いっしょうけんめい理解しようとするのは、必ずしも生産的なことではない場合が多い。が、真面目な人ほどそれを額面通りに理解しようとして、足をすくわれてしまう。これは本書の読みにくさ、わかりにくさにかなり貢献している。

が、困ったことに、必ずしもネタをネタとして一蹴しきれないのが、ケインズおよび本書のおもしろさでもあり頭の痛いところでもある。

脱線と嫌みな部分の持つ意義とは

同じく明らかな嫌みと茶化しに思える部分として、第23章に重商主義肯定論が登場する。当時もいまも、経済学者の多くは自由貿易至上主義ではあり、保護貿易を求めた重商主義者はきっぱり否定される。だからこの部分は、ケインズが屁理屈をこねて、身内の経済学者たちをからかうネタ部分だと思いたくもなる。最近再刊された『一般理論』に序文を書いたポール・クルーグマンも、まさにそう述べている。

でも最近になって、野放図なグローバリズムの弊害も指摘されるようになり、ダニ・ロドリックなどはグローバリズムと国内政治経済の裁量とが両立しがたいことを強く主張するようになっている。彼の発言を単なるネタ扱いすべきか、それともケインズは敏感にも、野放図な自由貿易の欠陥をすでに見抜いていたと考えるべきか？

この第23章以外でも、第17章でお金はなぜ他の各種のモノに比べて非常に特権的だ、というのを説明するために、小麦の小麦利率だの、住宅の小麦利率だの、得体の知れない概念が出てくる。普通の経済学解説書なら、お金は扱いやすくて便利だし、勝手に作れないし、保管しやすく劣化しない、というだけでおしまいだ。ケインズの書き方は、必要以上に話を細かくややこしくして、人を煙に巻こうとしているようにも見える。一方で、ケインズのお金の理論は２０２０年前後に一部で話題となったＭＭＴや、経済における決済機能を重視するメーリングなどのマネービューの考え方にも影響を与えている（と当事者たちは語る）。本書であまり大した役目を果たしていない各種の数式も、実は本書の創始したマクロ経済学に欠けているとされる、ミクロ的な基礎付けを行うものになっているのだ、などという見方もある。後で、本書の有名フレーズ解説で登場する「アニマルスピリット」も、単なる気の利いた表現でしかないようにも見える一方、ノーベル経済学賞の二人、ジョージ・アカロフとロバート・シラーは、これを元に経済学の新しい方向性を見出そうとする。

中にはこじつけめいた話もある。でも、一方で実はネタに見えるところもまだまだ掘り下げる余地があるのかもしれない。それをどこまでケインズが見通していたか、というのはまた別問題だ。でも、何かケインズ的にぴんとくるものはあったのかもしれない。

そうしたものは、あまりに論理的で体系立った本ではしばしば失われてしまう部分だ。ある意味で、本書のわかりにくさは、同時にそれを豊かにしている部分でもある。話を本筋に縛りすぎず、行きがけの駄賃で様々な話に脱線しつつ、経済のあらゆる面にまで話を広げた自由闊達な放言は、本書の魅力でもある。だからこそ、本書は古典としてよきにつけ悪しきにつけ、1世紀近くも（そしておそらくはこの先もずっと）生き残ってきたわけだ。

3

『一般理論』の短所／長所

ケインズ経済学の興亡と復活

本書を元に生まれたケインズ経済学が現実世界でたどった道は、それなりに有名だ。大規模公共投資による景気回復という政策は、１９３０年代にルーズヴェルト大統領のニューディール政策につながったが、決定的な景気回復には到らなかった。が、その後、第二次世界大戦という壮絶な公共投資と、それに伴う金融緩和がまさにケインズの言う通り、経済を完全雇用に戻した。そしてその後、ケインズが構築に一役買ったブレトン＝ウッズ体制が戦後の国際経済の基盤となる。各国の経済政策は基本的にケインズ理論に基づき、政府が公共事業と金利引き下げで完全雇用を実現する。これが１９５０－60年代の世界経済の安定と繁栄を生み出した、というのが一般的な見方だ。

が、その後インフレが次第に悪化し、加速する一方となる。金利を下げるためにお金を増やしても、それが物価上昇にまわってしまう。一方、肥大化した政府の非効率性が次第に明らかになってきた。各国の財政赤字も積み上がる。その一方で、世界経済拡大に伴い、世界経済のブレトン＝ウッズ体制が崩れた。さらに１９７０年代にはオイルショックで世界が不景気にたたき込まれた。でもケインズ理論ではお金を刷れば金利が下がって失業率が下がるはずなのに、今回はお金を刷ってもインフレが進むだけで失業は解決しなかった。突然、あれほど成功していたように見えたケインズ理論が、あらゆる面で行き詰まったように見えた。

同時に、理論面でもケインズ理論は反撃を受けた。ケインズ理論は、常に失業がある、という理論だ。つまり、労働市場は均衡しないのが普通、ということだ。ところが１９６０年代には、労働を含むあらゆる財の市場が完全に均衡するというケネス・アローの一般均衡理論が完成してしまった。もちろんこの理論は、かなり非現実的な想定を必要とするけれど、でも頑張ればすべてが均衡するなら、経済分析は基本的に、何がその一般均衡からずれているのかを考えればすむのでは？　不均衡がいつも存在して失業が当然だというケインズ理論は要らないのでは？

さらに1970年代には、人は将来のことまで完全に予測できると想定する合理的期待形成理論が、おもしろい理論的可能性を生み出しつつあった。同時に台頭してきたファイナンス理論の世界では、株式市場の全能性を想定する効率的市場仮説が完成し、一気に普及した。将来不安で無意味に現金にしがみつく投資家、といったケインズ経済学の発想は、だんだん分が悪くなってきた。そもそも、経済を発展させるイノベーションは、ケインズ的な効率の悪い政府なんかから出てくるのか？　パソコン、インターネットを見よ！　民間の活力こそが経済の基本であり、経済を完全雇用にしておくために公共の介入が必須だというケインズ理論は見当ちがいもはなはだしい！　公共は手を引け！　政府は縮小！　規制緩和！

そしてそれに対応して、政策面でも変化が起きた。

1980年代に入り、すべてを市場に任せようというレーガノミクスやサッチャリズムが経済政策を席巻するようになった。電電公社はＮＴＴになり、国鉄はＪＲになった。これまでインフラ作りに精を出してきた世界銀行の援助も、民営化や民間活力育成、市場重視、そのための規制緩和にいきなりシフトした。実際、これまで公共の独壇場だったインフラだって、金融工学を駆使して民間が十分に実施できることを、エンロンなどの新興企業が証明して見せた……はずだった。ケインズはもはや死んだと思われていた。

ところが、１９９０年代になって、だんだんそれが馬脚をあらわし始めた。多くの民営化は言われるほどうまくいかなかった。民間によるインフラ整備の寵児だったエンロンは、会計詐欺でしかなかったことも明らかとなった。パソコンやインターネットの未来を期待して高騰した株価は、次々にバブルがはじけて崩壊した。ついでに日本の壮絶な不動産バブルも破裂した。どうも資本市場は、効率的でもなければ賢くもない。なんだかすでに亡びたはずのケインズが言う、美人投票のたとえが、なんだか見事にあてはまっているようだった。

そして21世紀。規制緩和、特に金融面での規制緩和と、資本市場への盲信があわさって、２００８年のリーマンショックと世界金融危機が起き、世界経済はまたもや崩壊寸前となった。

そして……この世界経済の危機において、一般均衡を前提とした主流派の経済モデルはまったく役に立たなかった。人間や資本市場は効率的でまちがえませんというのが大前提だった経済理論は、それが完全に否定された状況では使い物にならなかった。

そしてそのとき使えたのは、古くさいケインズ理論だけだった。経済が慢性的な失業と停滞に陥ったら、大規模な公共投資と金融緩和で対応せよ！

それはまた、日本のアベノミクスのベースでもあった。金融緩和と財政出動で景気を回復させる。そしてゼロ金利の日本では、単純な金融緩和では不十分だから、それを大規模にアナウンスして期待に働きかけろ！

こうしてケインズとその理論は復活を遂げた。完全な復活かどうかは、もちろん評価が分かれる。批判者はリーマンショックや金融危機へのケインズ政策的な対応について、全然ダメだ、自然にダメな企業が根絶やしにされるのを待つべきだった、借金を積み上げて将来に禍根を残しただけだ、と否定する。支持者も、全然規模が足りなくてダメ、と文句を言っている。でも、金融危機についても日本経済についても、ケインズ的な政策のおかげで完全な崩壊がとりあえずは防げたのは事実だ。不十分とはいえ、経済を下支えしてわずかながら上向きに持っていくのには成功した。だからこそ、ケインズとその経済学への関心も復活している。本書のような代物が登場したのも、まさにその関心に応えてのことだ。

さて……世間の通常のケインズ解説書だと、話はここで終わる。ケインズやっぱすごいでしょう、いまこそケインズを学ぶべきです！

でも、もしケインズがそんなに正しいなら、なぜ一時はそれがまったくダメで「死んだ」と言われるような評価になってしまったんだろうか。その当時の人々の目がいっせいに節穴になったから？　そんなはずはない。この『一般理論』の弱み、突っ込みどころはどこにあったのか？　それを理解しておかないと、単なる個人崇拝／嫌悪に堕してしまう。

ケインズ理論の突っ込みどころ

では、本書の突っ込みどころはどこにあるのか？　もちろんケインズ理論への批判は腐るほどある。が、ケインズ理論への評価が大きくスイングした理由として、素人的に理解しておくべきポイントは以下のようなものだとぼくは考えている：

- 賃金や物価が下がらないという前提
- この理論が「一般」なのかという点
- 数式を使わないどんくささ
- 全体として大ざっぱで雑なところ

このそれぞれについて、以下で簡単に述べよう。

そもそもの前提：賃金／価格は下がらない？

本書をいきなり読むと、いやあ古典派というのは何とダメな連中なのかと思ってしまうのが人情だし、ケインズの尻馬に乗って彼らをバカにしてみたくもなる。が、一歩下がって見ると、それが本当に妥当かどうかは、少なくとも理屈の上ではちょっと考えてみる余地がある。しかもいちばん初めの、いちばん根本的な部分で。

本書は、冒頭の数ページほどで古典派の議論をまるっきり妥当性のないものとして一蹴する。でもその根拠は？

古典派は、失業は価格＝賃金によって市場での需給調整で解消されるはずだ、と述べる。だから、失業が続くならなぜ価格＝賃金が十分に変わらないのか、というのが彼らにとっての問題設定になる。

ところがケインズはそれに対して、「なぜ」を説明することがない。むしろ、それを既定の前提にしてしまう。賃金は下がらない、実際にもあまり下がる様子がない、と言って、なぜ下がらないのかに対し、だってみんな下げたくないって言うんだもの、というあっさりした説明ですませている。

賃金の水準についての考察は、なくはない。確かに第20章などでは、賃金が下がらないことについての考察がある。賃金がホイホイ下がるようでは経済の不安定性がかえって高まってしまう、という議論だ。でも、それは賃金が下がらない理由ではありませんよね？　みんな、経済を安定させようと思って賃下げに反発するわけではありませんよね？

だから古典派からすれば、本書の議論はそもそも出発点から常軌を逸している。「イヤだと言ってる」なんて駄々だけで賃金を所与にしちゃうのは、根本的な課題を決め打ちしてしまうインチキでしかない、ということになる。ましてそれを元に、古典派はバカだアホだと罵倒されたら、おもしろくないのは当然だ。

またこの当時、特にアメリカでは賃金低下を妨げる要因が明確にあった。１９３３年には全国産業復興法というのができて賃金カットを禁止した（！）。１９３５年にはこれが違憲だとして廃止されたけれど、それでも、ルーズヴェルト大統領の各種政策は賃金カットをやりづらくしていた。賃金は天性として下がらないわけではなく、人為的な要因がはっきりあるんだから、まずはそういうのをなくそうぜ、という主張は決して現状追認の資本家の手先とは言えない。

その一方で、確かにそうした要因がなくても、実際には物価や賃金はなかなか下がらない。価格の下方硬直性は実証的にも観察される。早い話が、ハイパーインフレは存在しても、ハイパーデフレは起こったためしがない。するとケインズ理論は、前提はアドホックながら、概ね実態を押さえた理論ではある。が、それを言うなら古典派理論だってそうだ。すると、どっちを受け入れるかというのは、本当に主義の問題になってしまう。

実はケインズ理論に対するヒックスの批判も、まさにそういうものだ。結局ケインズと古典派とのちがいって、何を定数にして何を変数とするか、というだけでは？　古典派理論は、特に金本位制でお金の量などがほぼ不変の場合にはとてもよく成立した。でも『一般理論』の時代にはそれが放棄されつつあった(ケインズも金本位制に積極的に反対した)。ケインズ理論は金本位制に代わる経済の新しいアンカーとして、失業のある状態での賃金水準を一定に置いたのだ、とヒックスは指摘する。[2] 少なくとも、自分たちはそういう捉え方でケインズ理論を定式化していったのだ、と。

そしてもう一つ始末に困る話。物価や賃金は、下がりにくいとはいえ、少しは下がる。「長期的には」変わる。これは否定しようがない。すると、ケインズの前提も絶対ではない。ケインズ理論と古典派を決定的に分けるはずの想定は、実はかなーり相対的で微妙なものだ。時間軸の採り方や、どの程度の変化を問題にするかによって、本書の説得力は全然変わってきてしまう。変わりにくいと認めた瞬間、本書は革新的な分析の書になるし、認めなければ本書はまったくのたわごとだ。そしてその立場の強さは、そのときの実際の賃金や物価の変わりやすさ次第だ。これは現実の経済政策におけるケインズ理論の興亡と復活にも大きく作用したポイントとなる。こういう面があるからこそ、ケインズ理論は、全盛期からいきなり全面死亡へと一変し、そして全面復活を遂げるという具合にコロコロ評価が変わったわけだ。そこらへんを「長期」「短期」というあいまいな用語の使い分けでうやむやにした、ヒックスやサミュエルソンは実に巧妙ではあった。

ケインズ理論は本当に「一般理論」か？

以上の、「賃金＝物価は下がらない」とも関連するところだけれど、本書のポイントの一つは「一般」という部分だ。そこに力点がある、とケインズ自身が冒頭で述べている。それまでの新古典派理論では、市場がすべて調整してくれるから、完全雇用が当然だった。売れ残りはすべて値段を下げれば売りさばけるから、売れ残り＝失業なんてものは存在しない。そんなものがあるのは、一時的で特殊な時期だけだ。

ところがケインズ理論だと、失業がある状態が普通だ。経済全体の総需要と総供給を自然に一致させる仕組みはない。需要の規模を左右する投資の部分は、お金の市場で決まる金利に左右される。これは世間の心理状態によるので、失業がどうだろうと関係ない。へ

2　John Hicks, *A Market Theory of Money* (Oxford Univ. Press, 1989) pp.1–2.

たをすると、失業（または労働力不足）に拍車をかけるほうに作用しかねない。だから、放置すれば失業があるほうが一般的な状態で、完全雇用のほうが珍しい特殊な状態だ。

さて、どっちが正しいのか？

これは『一般理論』当初から登場していた論争だ。ジョン・ヒックスが*IS*-*LM*モデルを提唱した論文の中でも、「『一般理論』はケインズが言うほど一般的ではないかも」と指摘されてしまっている。前の、賃金＝物価が一定という想定の話と同じこと。そこを理論のアンカーとして決めてしまえば、それが一般的な状況であって、完全雇用はたまたま需要と供給が一致する特殊なケースだ、ということになる。でもそこをアンカーにせず、変数としておけば、話はまったく逆になる。

するとこれは、見方の差でしかない。そしてどちらが妥当かは……またもや実際の状況次第ということになる。

ケインズ時代は、高失業がダラダラと5年も続き、改善する気配もなかった。その状況であれば、失業が一般的という見方には妥当性があったかもしれない。

でもケインズ理論が失墜した1970年代末の状況は、大恐慌時代とはちがった。失業はあっても、全体としての経済はかなり完全雇用に近い状態でまわり続けていた。それに慣れてしまうと、いつまでもダラダラ失業が続く状態が「一般」って変じゃないかと思ってしまうのは人情だろう。実際に見れば、だいたい完全雇用になっているじゃないか、一時的な不景気は、そのときには深刻に見えても、短期的にほぼ自動的に解消されているじゃないか。だったら完全雇用を一般的な状況にして、失業が高止まりするのが特殊なケースと考えるのが当然だろう。そっちを「一般」にするのは、悪辣な政府介入を正当化するための、下心ある倒錯した議論だ、となってしまう。

結局ここでも、変数のかなり微妙なゆれによって、ケインズ理論の評価が１８０度変わってしまうことになる。実際に起きたのも、まさにそういうことだった。これまたそこらへんをうやむやにした、ヒックスやサミュエルソンは実に巧妙ではあった。が、それを数式化して厳密にしようとすると……ということで、話は数式に移る。

数式を使わないので
どんくさい

本書の毀誉褒貶の一つは、本書がほとんど数式を使っていないことからきている。人によっては、それはありがたいことだ。数式なんか見るのもいや、という人は多い。一方で、数式を使えば本書のうだうだした書きっぷりをかなりすっきりさせられて、ずっとわかりやすくなったのでは、という見方もある。前節で述べた「余計な脱線」は、数式の様々な例外的な場合について言葉で説明したものになっている。そういう部分は整理できたはずだ。

　さらに、数式を使わないのは、本書がまともな理論とは言えない何よりの証拠だと考える人もいる。この立場からすれば、本書はただの要領を得ない作文だ。ケインズ理論にはまともなモデルがなく、弟子どもが後からこじつけた数式モデルで何とかごまかしているだけだ。一方、人によってはそれは、最近の無意味に数理化され、経済学的な洞察よりも数学的なテクニックを誇示したいだけにすら見える経済学に対する根源的批判なのだという。ケインズ自身も、ダメな理論を立派な数式で飾り立てる愚を本書よりかなり以前から明言し、本書でもたまに登場する数式モデルも「無視してオッケー」と自分で述べている。が、それに代わるものがダラダラした文章の説明でいいのか？　ケインズはそのほうがいろんなものを頭の後ろに置いておけるからいい、と言うのだけれど、むしろどっちが頭の後ろか前かわからなくなり、混乱を招いている部分は確実にある。

　本書にも数式がまったく登場しないわけじゃない。でもそれはすべて、本当にまったくどうでもいい代物で、その後の理解にはまったく役に立たないものばかり。本書に唯一登場するグラフは、カーンの理論を説明するためのものでしかなく、しかも一瞬後に粉砕されるので、これまた頑張って理解するだけ無駄。こういうのは全部、前出の嫌みの一環で、数式に飛びつく連中への嫌がらせだとすら思える。

　これについて、ケインズは数学が苦手だったから酸っぱいブドウだ、と言う人もいる。が、大学で数学を専攻し、『確率論』まで著したケインズが、数学が苦手というのはいささか信じがたい。すでにケインズの時代には、マーシャルやジェヴォンズが経済学をバリバリに数理化していた。もともとはその正統伝承者を期待されていたケインズが、その程度でつまずくはずはない。一方、ケインズは実は『一般理論』を数理的に述べるくらい屁でもなかったのに、ケインズの支持者群、通称ケインズサーカスが数学オンチばかりだったから、そのレベルにあわせてやった結果だ、と述べる人もいる。これまた考えにくいことだ。そのケインズサーカスのほうが、ケインズ理論の数理化には熱心で、ケインズはむしろそれをたしなめていたんだから。

　数式がない点は、ケインズ経済学が学問分野として、最先端の数学をバリバリ活用した合理的期待形成派やファイナンス理論などに比べて見劣りする一因となり、１９８０年代に劣勢を強いられた原因の一つにはなった。だからケインズ派の一部は、ケインズ理論のどこをつまみ食いすればうまく「敵」の数式モデルに接合できるかを必死で考えるようになり……その過程でケインズ理論の本質まで捨て去った、と考える人もいる。

そして数理化しすぎた経済モデルは、確かに２００８年世界金融危機で使い物にならなかった。数理モデルは、必要となる前提条件が厳密すぎるがゆえに、前提そのものをゆるがすような変動には対応できないからだと言う。が、まさにそういうときにこそ、経済分析と処方箋が本当に必要になる。ある意味でケインズの理論は、数式にしばられず大ざっぱで雑だったからこそ、世界金融危機でもある程度の指針は出せたのだ、とすら言える。

まとめると：
全体に大ざっぱ

いまの賃金の硬直性を前提としてしまったところや、数式が少なくて定式化されていないという二つのポイントは、本書のもっと大きな難点の一部だとは言える。それは、本書の議論が全体にかなり大ざっぱだということだ。本書の議論がそれぞれの主張がきちんと裏付けられておらず、ケインズの印象論に頼っている部分がとても多い、ということだ。

たとえば、賃金や物価はなかなか下がらない、というのはケインズの見立てであって、そうなる必然性は本書では提示されていない。またそれぞれの所得階層で、消費性向はあまり変わらないよ、という話がある。これはその後の議論を投資に集中させる上できわめて重要な部分だ。ではそこには、きちんとした実証的調査の裏付けがあるんだろうか？これもまた、あんまりないのだ。

これは他の部分でもうかがえる。すでに見た通り、賃金や物価はなかなか下がらない、というのはケインズの見立てであって、そうなる必然性は本書では提示されていない。それが正しいかもわからない。他にもケインズ自身が「一般理論にはああ書いたけれど、実際に見てみたらちがってました」というテヘペロ論文をいくつか発表しているくらいだ。

そして本書の理屈後半部分の根幹となる、人はなぜ現金を持ちたがるかを説明する流動性選好の話も、かなり一般論だ。証券市場に対する罵倒も、痛快ながらケインズ個人の感想だ（ケインズは株やFXで大損したりしているので、この問題について決して中立的な立場ではない）。「人間心理への洞察に基づいているのでケインズはえらい！」と言う人もいる。が、その洞察が結構まちがっているので、本当にえらかったと言えるかどうか。
だからそれについてこんな議論が出てくる。

- ケインズの主張はいい加減な思いつきと印象論の寄せ集め！　実証的な裏付け皆無！
- 実証的に調べてみるとケインズの言った通りになっていない部分もかなりあるからケインズ理論なんてダメ！
- 人間がケインズの主張する結果まで予測できる合理的な存在だとするとケインズの結果は成り立たない。

最後のヤツは言いがかりにも思える。が、合理的期待形成という経済学のえらい派閥は、まさにそういうことを述べている。

一言で言えば、ケインズ理論——少なくとも本書で述べられた形のもの——は、雑すぎてダメだということになる。

が、またもや始末に負えないところではあるのだけれど、まさにその雑なところこそがケインズ理論の強みになることもある。細かく見ると完全に成立していなくても、概ね傾向は押さえていて、これに基づく政策は一時的にせようまく機能することが多い。きちんと数理モデル化もされていない、各種の細部はきちんと実証的な裏付けもないどころか、ときにピントはずれ――でも総じて機能する。それは、まさにこの理論が大ざっぱだからだ。大ざっぱであればこそ、細かい部分が必ずしも正しくないことが示されても、それで理論が崩れ去るわけでもない。大ざっぱだからこそ、環境のまったくちがう21世紀の世界にもってきても、まがりなりにも適用できる。

そして数式モデル化について明示的に批判していたところなどから見て、この雑さはケインズがある程度意識的に意図したものだろう。時代の雰囲気が厳密さに傾けば、こうした理論は理論の名に値しないとされる。でも、厳密さが通用しない時代がやってくれば――ケインズ理論は復活する。この雑さこそ、ケインズ理論のいいところでもあり、悪いところでもある、というわけだ。

余談：ケインズ理論のオウンゴールと株式市場など

ケインズ理論の評価が、時代の雰囲気や状況によって180度変わること、そしてその原因となりそうなポイントをいくつか見てきた。が、その時代の雰囲気や状況というのは、どうして変わるんだろうか？

もちろんその要因はいろいろだ。技術進歩、オイルショック、共産主義ブロックの崩壊など、実にいろんなことが言える。が、あくまで仮説ながら、このケインズ理論の興亡、特に亡の部分については、ぼくはケインズ理論のオウンゴールという面が結構あると思っている。

放置すれば失業が起きるから、細かく介入して完全雇用を実現しなさい、というのがケインズ理論の教えだ。戦後のケインズ政策は、まさにそれを実現した。そしてそれが結構うまくいったために、完全雇用の時期が長く続いてしまった。それはまさに、古典派的な理論がうまく機能できる環境だ。完全雇用が概ね保たれていれば、その部分を心配する必要はない。やがて人々は、失業が経済や人々にとっていかにつらいものかを忘れてしまう。むしろそれ以外の弊害のほうが目についてくる。特にインフレだ。

これはノーベル経済学賞を受賞したハーバート・A・サイモンが指摘していることだ。人の関心は狭いので、あることに注目すると、他のことが見えなくなる、と。いまのぼくたちは、インフレなんて大した問題ではないと思っている。ぼくが末席を汚すリフレ派などは、むしろインフレを待望している。でも、１９６０年代、70年代はちがった。当時はインフレ懸念があまりに高まったため、アメリカの中央銀行は、インフレ退治のために意図的にアメリカ経済を不景気に陥れた。そして大規模な失業が発生しても放置した、とサイモンは１９８２年に批判した。

そして失業があまり重要視されなくなってしまえば、失業をどうやってなくすか、というケインズ経済学のそもそもの問題設定もあまり重要視されなくなる。

つまりある意味で、１９５０–60年代のケインズ経済学があまりにうまく機能しすぎたために、完全雇用が実現して、まさに古典派理論の後継者たちが花開く舞台を提供してしまったというわけだ。もしケインズ理論がそこまで成功せず、ある程度の失業が続いていれば……でもそうなればやはり、ケインズ理論なんてダメだと言われただろうし、どうなればよかったのかはわからない。どのみちこれは、岡目八目の後知恵ではある。

余談ながら、似たようなことは株式市場についても指摘できる。本書は、株式市場なんて投機でしかなく、まるで信用できないと述べる。これに対して、いまのＭＢＡなどがファイナンスの講義で真っ先に学ぶのは、株式市場は世間の情報をすべて反映し、株価はあらゆる情報を織り込んでいるのだという効率的市場仮説だ。そしてバブルが起き、世界金融危機のような事件が起こるたびにどっちが正しいのか大論争が起きる。バブルはケインズの言うように株式市場の本質なのか、それとも効率的市場仮説が言うようにごくたまの例外なのか？

実はこういう論争は、個人的にはかなり不毛だと思っている。というのも、いまのケインズ政策が成功しすぎて自爆したという話と同じ論理がここでも働くように思えるからだ。

要するに、かなりの人がケインズ的な株式市場不信を抱き、株価が企業や事業のきちんとした収支を反映しているとは思わずに、自分できちんとチェックするようであれば、その結果として株価は信頼できるものとなる。変な動きがあっても、気づく人がすぐにあらわれ、バブルは小さいうちに潰れる。

ところがそれがしばらく続いて、株価は信用できる、株価はすべての情報を反映する、だから株価だけ見ていればいいのだ、と盲信する人ばかりになると、株価が変な動きをしても、だれもそれに気がつかない。むしろ、株価は常に正しいからこれは何かあるにちがいないと思って、バブルがバブルを煽るようになり、果ては世界金融危機が起こる。

つまり粗雑な一般論ではあるけれど、みんなが株価は信用できないと言っているときには株価は信用できて、みんなが株価が絶対信用できると言いだし始めたら株価は信用できない！

なんだかパラドックスめいている。でも実際、これはいろんなところに登場する現象だ。犯罪や火事が起こるかも思って、と警察や消防署や防犯防災に予算をつけておけば、犯罪や火事は最小限に抑えられる。でもそれが続くと、犯罪も火事も起こらないから、そういう予算は削ろうということになって……すると犯罪も火事も、目を光らせている人がいなくなって増える。たぶんケインズなら、これを表現する気の利いたたとえやキャッチフレーズを思いついただろう。

だから株式市場や株価は絶対に信用できるかとか、すべて完全に投機か、という問題設定自体がナンセンスのようにも思える。ちなみにここから、バブル対策などで「二度と起こらないように徹底した安全策を」なんてのをやるのはかえって逆効果かもしれない、という話も出てくる。ほどほどに抜け穴を作って、あまり大きくないバブルがしょっちゅう起きるようにして、みんながたまに軽いヤケドを負ってお灸を据えられれば、経済崩壊を引き起こすほどの金融危機は起きない、のかもしれない。

ケインズ理論も、ほどほどに成功して多少失業を残してお灸を据えつつ、市場重視の古典派と共存していれば——となるとまたもや、それをうまく混ぜようとしたサミュエルソンやヒックスらの新古典派総合がいちばんえらかった、ということになりそうではある。が、そもそもそんな都合のいい中庸な落としどころがあるのかどうか。そもそもバブルについては、「いくら本を読んでも、ヤケドの痛みはわからない」という名言がある。バブルだって、教訓や課題をいくら本で読んでも、実際に経験しなければわからない、だからバブルは周期的に繰り返されるのだ、という話だ。ケインズ理論も今後、失業やバブルでヤケドを負った世代が入れ替わるにつれて、また数十年周期で興亡を繰り返すことになるのかもしれない。ある意味で、本書第22章の景気循環の理論が、ケインズ理論自身にも適用できてしまうというわけだ。それをおもしろがるべきか、嘆いてみせるべきか……。

4

本書（およびその他ケインズ）の「名言」

さて本書、そしてケインズの各種著作には、いろいろ印象的なキャッチフレーズが登場する。そうしたものはしばしば一人歩きして、元の文脈とは必ずしも整合しない形で使われることも多い。ここでは、その代表的なものを選んで、その元の文脈とニュアンス、場合によってはそれらにまつわる誤解について、簡単に説明しておこう。

穴を掘って埋める公共事業

ケインズ経済学と言えば、公共事業と大きな政府、というのが通説だ。失業をなくすためには、投資を増やさねばならない。でも民間はわざわざ損をする投資をしたりはしない。だから公共がその分を公共事業で埋めればよい！　これは本書第10章ではっきり主張されている。

でもなぜ公共がそんなことを？　それは、公共は民間とはちがうからだ。投資家は、自分は現金を抱え込んで投資を控えても、それによる失業者の面倒を見る必要はない。プロジェクトだけの収支で考えれば十分だ。でも社会全体としては、何らかの形でその失業者の面倒を見ざるを得ない。だから民間の事業収支とはちがう計算が働いてくるわけだ。単独のプロジェクト収支だけでなく、失業保険だの、遊休労働者の無駄だの、社会全体にとっての損得勘定まで含めて考える必要が出てくる。

そしてここで、ケインズ一流の皮肉が出てくる。できれば多少は役に立つことをやったほうがいい（たとえば採算性の少し悪いインフラを作るとか）。でもそれだと、採算がどうしたとか言って、かえって揚げ足を取られてしまう。だから露骨に無駄なことをやったほうが受け入れられやすいかも、というのだ。その例として本書の第10章で挙げられるのは以下の通り：

- ピラミッド建設
- 大聖堂とミサ
- 黄金採掘
- 戦争
- 現金を入れたびんを埋めて掘り返させる

このあたりの書きぶりの嫌みったらしさは比類がない。こんなことでも、失業者を放置するよりはマシだけど、お金を埋めるよりマシなプロジェクトくらい思いつくよね、というわけだ。ときどき、ケインズは無駄な事業をしろと言ってはいない、と主張する人が出るのは、好意的に解釈するとこの嫌みの持つ反語的な面に反応しているのかもしれない。

ついでにここで言われているのは、あくまで失業がしつこい時に完全雇用を実現するためで、常に無駄なことをやれ、という話ではない。

同時にケインズは、「無駄」なイベントや記念碑、芸術、建築保存が、文化と国民のまとまりにとって不可欠なのだと断言している。それを収支計算だけで否定する見方を、彼は「芸術と国家」（１９３８年）という小文で「財務省の人間以下の連中の奴隷」とまで罵っている。経済以外の面でやるべき事業はたくさんあることを彼は知っていた。ただこの部分の力点は、特にそれが失業対策として持つ意義だというだけだ。

アニマルスピリット

失業をなくすためには、需要不足を補うだけの十分な投資がなくてはならない。では民間の投資判断はどうやって行われるのだろうか？　それを論じた第12章で登場するのが、この有名な「アニマルスピリット」だ。

建前上は、各種投資プロジェクトは何やら事業性についてきっちり調査を行い、シナリオを分析して、投資と見込み収益とをきちんと比べて、冷静に判断を下すことになっている。でも……実際に投資する人たちは、全然そんなことはしていない。「なんか知らんがいまは人工知能が熱いぜ！」とか「常温核融合は男のロマンだ！」とか「ここでアメ公どもに大和魂を見せてやれ！」とか、単なる思い込みと成り行きと勢いだけで投資やプロジェクト実施を決めている。

その「思い込みと成り行きと勢い」というのが、ケインズの言うアニマルスピリットだ。あるいは、期待収益率の「期待」が実にいい加減に決まっているんだよ、という言い方もできる。

これまた、別に実証的な話ではない。ケインズが世間を見ていて、そういう印象を持っている、ということでしかない。だからこれは、本当に重要な概念というよりは、気の利いた言い回しくらいでしかないとも言える。

が、最近になって大経済学者のロバート・シラーとジョージ・アカロフがこれに注目し、『アニマルスピリット』という本まで書いている。確かに、そうした思い込みや勢いは、そのときの時代の雰囲気や流行に流される。バブル期はみんながなぜか強気で、後から考えればまぬけな投資を大量にしてしまう。不景気だと逆に、みんな意味もなく弱気で、よさげなプロジェクトにも尻込みする。これは、ケインズが本書第22章で、景気循環の理由について語るときに使った説明でもある。そうした雰囲気や空気を作ってしまう各種の要因を考えることで経済学の新しい領域が拓けるのではないか、と言う。その狙いが達成されているかどうかは、邦訳も（拙訳で）出ているので、ご興味ある方は是非。

カジノとしての資本市場

この『一般理論』でよく引き合いに出されるのは、株式市場に対する批判だ。特に２００８年のリーマンショック／世界金融危機では、ごまかしと投機に堕した資本市場が世界の実体経済を崩壊寸前に追い込んだ。そのときに、本書の「カジノに経済運営を任せるようでは、うまくいくはずがない」という一節がしばしば引用された。これまた第12章で登場する。

株式市場というのは建前的には、企業やプロジェクトの「ファンダメンタルズ」を分析して、本当に収益性の高いプロジェクトや企業はどれかを判断するものとされる。株の収益率を見れば、そのプロジェクトや企業の収益率がきちんと反映されている、と言う。これはMBAのファイナンス講座でまっ先に学ぶことだ。株価はすべての情報を完全に織り込んでいる。だから気分（＝アニマルスピリット）に流されがちな投資判断も、株価を見てプロジェクトの期待収益率をきちんと評価すればいい。不景気のときのように、まともなプロジェクトにすら投資が集まらないなどという事態は避けられるはずだ、と言う。

　でも、ケインズはこれを否定する。株式市場にいる投資家たち、特にアメリカ人は、プロジェクトの収益によるインカムゲインを求めてやるのではなく、株価上昇をあてこんだキャピタルゲイン狙いで市場に参加している。株価が上がる銘柄は、みんなが買う銘柄だ。なぜ買うか、なんてどうでもいい。

　すると、資本市場で株などに投資する人というのは、そのプロジェクトの中身よりはむしろ、他の人はこの株を買うだろうか、という腹の探り合いに血道をあげることになりがちだ。そして、何かの偶然でちょっと上がった銘柄にみんなが殺到することで、無意味に株価が上がることも多い。どれがそういう「当たり」銘柄になるかは、まったくの偶然。だから資本市場はカジノも同然だし、そこに参加している連中がやっているのは投機だ、というのがケインズの主張だ。だから、株価を見てプロジェクトや企業の期待収益率を客観的に評価、などということは期待できないのだ、とケインズは主張する。

美人投票としての株式市場

「カジノとしての資本市場」で、資本市場の投機性と不合理性については触れた。でもケインズはそこで、なぜ、どんな形で資本市場が不合理になるのかを、たとえ話を使って説明した。そこでケインズが挙げた有名な話が、やはり第12章に登場する美人投票だ。

この美人投票は、単に自分が美人だと思う人に投票する、というものではない。1位になる女性を当てた人に賞金が出る、というものだ。だから賞金をもらうためには、自分が美人だと思う人ではなく、他人がどの女性に投票するかを憶測して、そこに投票しなくてはならない。

株式市場もそういうものだ、とケインズは述べる。他の人が、値上がりしそうだと思って買いに走る銘柄を、いちはやく買いこむ。それが本質なのだ、と。

これがどういう議論で出てくるかを押さえよう。失業をなくすためには、有効需要が増えねばならない。消費はあまり変わらないので、有効需要を増やすには投資を増やすしかない。投資は、投資プロジェクトの期待収益率と金利で決まる。でも、資本市場がプロジェクトの期待収益率をしっかり見極めてくれるなんて、絶対に期待できない。むしろ、無意味な株価変動に右往左往して、それをかえって煽る結果にしかならない。すると、適正なプロジェクト評価に基づいて投資を誘導し、投資の水準を保つなどという機能を資本市場に期待するのは、そもそも無理だ、というのがケインズの見立てとなる。

失業が増えるのは人々が月を求めるから

これは第17章で、お金とはなんぞや、という議論が展開されるところで登場する。引き合いに出されることは多いものの、一読しても何が言いたいのかよくわからないので、人々は何かあると現金を求める。現金は勝手に生産できないし、他のものと代替もしづらい。金利が上がっても、現金の生産は増えない。だから金利が上がると失業が発生する、というわけだ。

これも、何か重要な概念というよりはむしろ、気の利いたちょっと皮肉な言い回し、という程度のものではある。その前提には、月はチーズでできている、という欧米のおとぎ話がある。同時に、月は新たに作れないし、黄色いので（少なくとも英語の世界ではそういうことになっているので）、なんとなく黄金の比喩にもなっている。当時はもちろん、世界の多くは金本位制なので、これは現金ということでもある。

人々が手に入らない月＝黄金＝現金を欲しがるからこそ失業は起こる。みんなが現金を欲しがれば、お金の市場でその値段＝金利が上がる。他の財なら、値段が上がれば生産が増えて供給が増す。でもお金はそうはならない。すると金利は投資の減少にしかつながらない。すると需要が減る。すると失業が起こる。

でもそこで、中央銀行がチーズ＝月＝お金をたくさん作って、月を求めている人にあげればいい。するとみんな、無理に月を求めなくなって、金利は下がり、失業は減りますよ、という話だ。

「月」というものが持つ様々な意味合いや連想をごたまぜにした、かなり強引でわかりにくい比喩だし、そのニュアンスも欧米特有のもので日本人にはなおさらわかりにくい。が、逆にだからこそわかる人々のスノッブな満足感をくすぐる面もある。

金利生活者の安楽死

金利が下がれば、投資は増えて、失業は減らせる。そして、金利を下げ、金持ちが蓄財に走らないようにすれば、経済の中でお金もまわる。そして投資による資本が増えれば、資本の収益率はどんどん下がる。

すると、資本家がこれまで貯め込んだ資本から得てきた不労所得もどんどん下がるはずだ。これにより、持てる者と持たざる者との容認しがたい格差も減る。資本からの不労所得で喰ってきた、金利生活者たちもだんだん消えるはずで、これは大変結構なことだ、というのが本書でのケインズの指摘だ。こうした記述は、資本の性質について述べた第16章と、『一般理論』が持つ意味合いを述べた第24章に登場している。

さてケインズの主張は正しいだろうか？　そう見える部分もある。１９７０年代、訳者が小学生の頃には、銀行預金の金利は平気で５パーセントあった。いまは０・１パーセントもない。１９８８年の名作映画『ダイ・ハード』で、悪玉ハンス・グルーバーはナカトミ・コーポレーションから盗んだ資産が10パーセントでまわると断言していた。いまのテロリストは、そんな高い収益を期待できるだろうか？　部分的には、経済成長そのものが鈍化しているせいもあって、確かに各種の収益率も下がっているように思える。

　その一方で、２０１４年のトマ・ピケティの予想外のベストセラー『21世紀の資本』では、この議論が批判されている。ピケティによれば、資本の収益率はずっと4パーセントで、それが自然に下がるような様子は見られない。金利生活者は死んでいないどころか、むしろ大きな復活を遂げ、格差もむしろ拡大しているという。もちろん、「長期的には」ケインズ的な金利生活者の安楽死が実現する可能性は残っている。でも長期的には、われわれみんな何とやら。短期的に金利生活者の優位性をなくし、格差を減らすためには、別の施策が必要なのかもしれない。

スタンプ（印紙）式通貨

本書でケインズは、金利が高いのは人々が現金＝流動性をやたらに求めるからだ、という主張をした。だから投資が進まず、需要が不十分になる。これに対するケインズの対策は、中央銀行がお金をたくさん供給することだった。でも、他のやり方もある。お金そのものの価値を下げてしまえばいい。お金がなぜ特権的な価値を持つかという第17章の分析では、お金の価値がいつまでも下がらない、つまり価値貯蔵機能がお金の価値の源泉だった。だったら、それを弱めてしまえばいい。言わば「劣化した」お金を作るわけだ。

その手法の一つは、お金に期限をつけて、有料のスタンプ／印紙を貼らないと価値が続かないようにすることだ。ある意味でこれは、お金にマイナス金利をつけるようなものだ。一定期間ごとに、その印紙代がマイナス金利となるわけだ。

これを思いついた一人が、シルビオ・ゲゼルだった。本書第23章でケインズは、このゲゼルの考えを紹介して、それがあまり相手にされなかったけれど、実はポイントをついていたのだ、と述べて評価している（そして、それを理解できなかった古典派をコケにしている）。ときどき、ケインズがこれを考案したとか、それを理論化したとか紹介されることがあるけれど、そういうわけではない。

ちなみに世紀の変わり目あたりに、反グローバリズムと地産地消促進を狙って、いろいろな地域通貨が世界中で流行った。ゲゼルの発想は、こうした地域通貨のベースにもなった。ただし本当のお金の強みはまさに、期限やマイナス金利がないところにある。だからこそ、人はいまのお金に流れてきて、それが特権的な存在になった、というのがケインズの分析だ。すべてのお金がスタンプ方式で劣化するなら、確かにそれは経済全体にとって投資促進の意味を持つ。でも劣化しないお金が厳然と存在する中で、わざと「劣化させる」お金の意義はあるのか？　これは多くの地域通貨の抱える課題でもあるように見えるのだが。

おまけその１：*IS–LM* 曲線

さて、この『一般理論』の受容にあたって決定的な役割を果たしたものがある。前出のジョン・ヒックス論文「ケインズ氏と『古典派』たち」（１９３６）に登場した有名な *IS–LM* 分析だ。

この理論的な枠組みは非常に簡単なものだけれど、ケインズ理論の仕組みをかなりの部分まで捉えている。これをものすごく単純化して説明すると、まず実物市場では、金利を下げれば投資は増えるし、みんな借金しやすくなって消費も増えるからGDPは上がる。するとGDPと金利が均衡する点をつなぐと右肩下がりの線になる。これが*IS*曲線だ。『一般理論』のあらすじで、「金利を下げれば投資が増えて需要が増える」と述べた。GDPは総需要だから、この*IS*曲線は、まさにこの理屈をグラフ化したものだ。

一方、お金の市場を見てみよう。GDPが増えると事業の中で必要な現金の量は増えるので、現金の需要が増えて金利は上がる。だから金利とGDPが均衡する点をつなぐと、右肩上がりの線になる。これが*LM*曲線だ。

そして経済は、この両者が交わる点のGDPと金利で均衡する。ただしその均衡点のGDPが、経済全体の完全雇用を実現する水準かどうかは、保証の限りではない。これが*IS*-*LM*モデルだ。

あれやこれやと、かなりうだうだしく言葉で説明してあるケインズの理論のエッセンスを、ほんの一読しただけで（この論文は、『一般理論』発表の直後に出ている）理解してまとめあげたヒックスは、まさに天才だ。もちろん批判はある。わざと数式を使わなかったケインズの意図を無視して、半端に数式化してしまったとか。あるいは*LM*曲線でのGDPと流動性需要の関係などで、ケインズがあれほど重視した投機など心理的要因を無視して、重要な期待の役割をケインズ経済学から捨ててしまったとか。彼の論文は、基本的にケインズの理論が実は古典派のものとあまり変わらないという主張でもあり、これがケインズ革命を矮小化して歪め、その後のサミュエルソンなどによる新古典派総合という不純な代物へと堕落させる道を開いてしまった、という声もある。

でも、このモデルのおかげで、ケインズ理論は本当に経済政策に使えるものとなった。この*IS-LM*モデルがすぐに出てきたおかげで、様々な経済政策の大ざっぱな影響が比較的簡単に見極められるようになった。

ヒックスは後に、この論文がケインズの理論を単純化しすぎていると言って、自らそれを否定する論文を書いている。そして……その直後に、まさにこの*IS-LM*を含む業績によりノーベル賞を受けている。たぶん複雑な気分だったろう。いまや経済学の主流派では粗雑すぎると言って継子扱いされるそうだが、一方でポール・クルーグマンやロバート・ゴードンなど、このモデルの慧眼ぶりを絶賛し続ける学者もいるし、実務での使い勝手のよさは未だに比類がない。

おまけその２：寡婦の呪い（『貨幣論』より）

ケインズは『一般理論』以外でもいろいろ「名言」を残していて、ときどきそれを『一般理論』からの引用だと勘ちがいしている人も多い。そのうち二つをここでは紹介しておこう。

あまりメジャーではないながら、特に経済学者の業界ではそこそこ有名なケインズのフレーズが、この「寡婦の呪い」だ。これは『一般理論』の前に出た『貨幣論』（１９３０）に登場する。

マクロ的に見ると、企業の利潤（現代的に言えば内部留保）は、消費しても投資しても、結局需要になって、また企業に戻ってくる。だからいくら使っても減らない、ということだ。旧約聖書の列王記で、預言者エリヤが貧しい寡婦に水とパンを求め、すると彼女の小麦粉の壺はいくら使ってもなくならなくなった、というお話が出てくる。企業にとっての利潤／内部留保もそういうものだ、ということになる。別に悪い意味の呪いではないので念のため。

これは社会全体で見た話であって、個別企業についての話ではないことに注意。でも内部留保を現預金でブタ積みしたり、自社株買戻しに使ったりする企業に対して釘を刺すには使えるかもしれない。

この『貨幣論』は他にも、倹約批判の文脈で「ダン族の壺」だの「バナナの寓話」だのいろいろ楽しいキャッチフレーズは出てくるのだけれど、長くて専門的な本だし、ケインズ自身がまだ考えを詰め切れていなかったと本書で述べ、どこかの国で翻訳の話が出たときにも「あれはいいから『一般理論』を出せ」と言っているくらいだから、あまり読まれない。このため、こういうネタも埋もれ気味なのは、まあ残念というべきか。

おまけその3：長期的には、われわれみんな死んでいる（『貨幣改革論／お金の改革論』より）

これは超有名な引用だ。全文はこうなる。

> さて「長期的には」というのはたぶん正しい。（中略）だがこの長期的というのは、目下の現象の指針としては誤解を招きやすい。長期的には、われわれみんな死んでいる。嵐が吹き荒れる季節に経済学者たちが言えるのが、いずれ嵐が過ぎ去って時間が経てば海は再び静かになります、というだけなら、それはあまりに仕事として簡単すぎるし、役立たずすぎるだろう。

細かい文脈を見るなら、これは貨幣数量説、つまり物価水準はお金の量に比例するという説に対する批判で出てくる。長期的には確かに比例するけれど、短期的な動きはそれでは説明できない、ということだ（ちなみにこれを見てケインズが貨幣数量説を否定した、と主張する人も多いけれど、一方で「長期的には」否定していないわけなので、その点はご留意を）。

でも通常これは、貨幣数量説に限らず、経済学者の陥りがちな物言いすべてに対する批判として使われる。景気が悪いときに、「長期的には＝いずれはよくなります」と言うのでは、何の説明にもならない。失業や人手不足が「いずれはよくなります」と言っても何の役にも立たない。まして、その「長期的」というのが、1年なのか3年なのか10年なのかも言えないようでは、話にならない。いま、具体的にできることは何なのか、政策対応についての提言ができなければ、何の役にも立たない——そしてケインズはまさに、未曾有の大恐慌について、本書でそうした提言を行ったし、その提言は短期的にとどまらず、ケインズが長期的に死んだ80年後の世界金融危機ですら、十分に活用できるものだったわけだ。

　ちなみにこの『貨幣改革論／お金の改革論』も、拙訳で全訳がネットに上がっている（商業出版もある）ので、ご興味のある方は是非。本書『一般理論』よりはずっとわかりやすい。

5

著者ケインズについて：生涯とゴシップ

さてジョン・メイナード・ケインズその人の話だ。

もちろんケインズについて本当に知っておくべきことは一つしかない。本書『一般理論』の著者だということだ。が、それでは少し不親切だ。というわけで、まずは普通の上品な略歴から。

ジョン・メイナード・ケインズ：略歴

ジョン・メイナード・ケインズは、1883年に生まれた。父親はケンブリッジ大学の論理学者・経済学者として高名なジョン・ネヴィル・ケインズで、母親フローレンス・エイダ・ケインズ（旧姓ブラウン）は最初期の大卒女子であり、また各種慈善事業にも携わってのちにケンブリッジ市の市長も務めた人物だ。

そんな超インテリ一家出身のケインズは、エリート寄宿学校として名高いイートン校を出てから、ケンブリッジ大学のキングズカレッジに入学。父親のコネもあって、当時の経済学のドンとも言うべきアルフレッド・マーシャルの覚えもうるわしく、経済学を専攻するように勧められたが数学を専攻している。一方でこの時期からピグーやエッジワースといった、マーシャルの門下生にして後の経済学の重鎮たちとも親交を結んでいる。

卒業後に彼は学者の道には進まず、まずは官僚となってインド省に入省したが、1年ほどで飽きて辞めてしまった。そして、大学時代の数学研究に基づく『確率論』を執筆し

（発表は１９２１）、インドの通貨制度分析を皮切りに経済学の論文を発表し始め、『エコノミック・ジャーナル』編集長を引き受ける一方で処女作『インドの通貨と金融』（１９１３）を発表、同時に同じテーマの政府委員会に参加して、理論の政策応用に才能を発揮する。

その後大蔵省に入ったケインズは、第一次世界大戦の戦費調達に腕をふるう。そして１９１９年のベルサイユ講和会議にイギリス代表として参加するものの、敗戦国ドイツへの巨額賠償に反対して辞任、『平和の経済的帰結』（１９１９）でベルサイユ条約を批判して、当時は悪名を高めた。が、その後巨額賠償によるドイツの経済的混乱とナチス台頭で、ケインズの正しさが示されることとなる。ちなみにこの本とその続編の全訳がやはり拙訳でネットに無料で上がっているので、興味ある向きはご一読を。

キングズカレッジに戻ったケインズは、また数学に傾いて『確率論』（１９２１）を発表。だが並行して『説得論集』にも収録された各種経済政策論争を展開し、イギリスの金本位制廃止にも一役買いつつ、経済学に復帰して『お金の改革論（貨幣改革論）』（１９２３）、『貨幣論』（１９３０）などを発表、新古典派の旗手たるマーシャルの弟子筋として、いわゆるケンブリッジ学派の最有力メンバーとして活躍した。

が、ウォール街大暴落に端を発する世界大恐慌の中、新古典派の無力があらわとなるなかで発表されたのが、本書『一般理論』（１９３６）だ。

己の同志たちを一転して全面否定した本書刊行に伴う怒涛のような大論争を受けて立つうちにケインズは心臓発作を起こしてしまう。さらに回復とほぼ同時期に第二次世界大戦が勃発し、ケインズは再び財務省に戻って戦費調達の手だてを画策する。そして戦後には、新しい世界経済秩序を検討し、１９４４年のブレトン＝ウッズ会議ではイギリス代表団の団長を務め、ドルを中心とした固定為替相場制と、そのバックストップとして世界銀行にＩＭＦを持つブレトン＝ウッズ体制の構築に貢献し（とはいえ彼の意見は必ずしも十分に採用されなかったが）、戦後の世界金融体制構築に大きな役割を果たす。だがこの激務で体調が急激に悪化し、ぶりかえした心臓発作により１９４６年に他界している。

経済学者兼経済政策実務家としてのケインズの伝記は、概ねこんなものとなる。だがケインズは、それだけではとうてい終わらない人物なのだ。というわけで、お次は楽しい下品なゴシップ編を。

ジョン・メイナード・ケインズ：ゴシップその他

ケインズはいろいろな意味で華々しい人物でもあり、ゴシップ方面もなかなか一筋縄ではいかない。文句なしの正統派知識人で、若い頃から多才ぶりを発揮し、交遊範囲も実に派手だ。しかも口が悪く論争好きで、人をおちょくっては喜ぶ性格の悪さ（その一端は本書にもうかがえる）は筋金入りだ。おかげで、彼の個人史が異様におもしろい。ついでに、日記や手紙も実に几帳面に書いていて、資料には事欠かない。表の日記以外に、情人たちとのおつきあいをこと細かに書いた裏日記まである。おかげで、彼の伝記の多くは、死ぬほど分厚いものばかり。

せっかくなので、下世話で楽しいゴシップ話をしておこう。ケインズがずっと同性愛者だったのは有名な話だ。イートン校やキングスカレッジでは、頭のいい同級生たちを中心とした知的サロンを主宰していたが、そこはまた同性愛サークルでもあった。年配の方なら、『風と木の詩』や『モーリス』の世界、と言えばピンとくるだろうか。

ちなみに、その『モーリス』原作者のE・M・フォースターもここの一員で、あの作品はまさにケインズたちの世界がモデルだったりする。ケインズはこのサークルに、他にも優秀な人材を積極的にリクルートしていたけれど、その一人となったかの『チャタレイ夫人の恋人』のD・H・ロレンスは、初めてそこに足を踏み入れたとき、いきなりパジャマ姿で登場したケインズの醸し出す怪しい雰囲気から何が起きているか即座に察知し、嫌悪を露わにした手紙を残している。[3] なお、その一件を指摘されて、それにまったく正面から答えることなく話をはぐらかし、全然ちがうネタにすりかえたのが、後の「若き日の信条」なる一文だ。これは自分の学生時代の道徳倫理的な信念を説明した、なかなかおもしろい一文ではある。が、その信念のためにロレンスが反発したという弁明は、かなり悪質なごまかしではある。

そしてケンブリッジでは、このサロンの発展形とも言うべき知識人グループである、通称ブルームズベリーグループが形成された。その中核は、ケインズやE・M・フォースターなどに加え、『灯台へ』の作家ヴァージニア・ウルフや『源氏物語』英訳者のアーサー・ウェイリー、ケインズの長年のボーイフレンドでもあった画家ダンカン・グラントなどだ。前衛芸術に傾倒したハイソな知識人集団として、リベラル的な思想と女性普通選挙権や反戦平和主義を掲げ、ケインズの思想にも影響を与えたとされる。性的にもかなりリベラルなグループで、ケインズはこの集団内外で様々な男性パートナーと関係を続けている。ちなみにこういうのが公然と野放しになっている一方で、同時代の天才数学者アラン・チューリングは同性愛のために過酷な「治療」を強要され、自殺にまで追いやられた。ここらへん、当時のイギリスの状況はいささか理解し難いものがある。ケインズは上級国民だから、ということなのか、ハッテン場に行ったりせず、尻尾をつかまれなかったということなのか？　が、閑話休題。

　ところがこの比較的安定していた私生活面が、40歳近くなって激変する。いきなり女性との交際を始めて、1年足らずで電撃結婚を遂げてしまったのだ。その相手は、ディアギレフのロシアバレエ団所属のリディア・ロポコワだった。

　このバレエ団は、総合芸術としてのバレエという新ジャンルを確立した立役者で、ケインズも度々ニジンスキーの舞台などを見物している。リディアもそのスターの一人としてロンドンで人気を博していた。ケインズは１９１８年に初めて彼女の舞台を見たときには

3　D. Moggridge, *Maynard Keynes: An Economist's Biography* (Routledge, 1992) pp.138–9.

罵倒しているものの、すぐに意見を翻して絶賛に転じ、その後何度か彼女を楽屋に訪ねたりしている。その頃から多少の交流はあったようだが、１９１９年にリディアは別の男と結婚し、さらにケインズもベルサイユ講和会議と『平和の経済的帰結』の大評判をめぐる騒動で多忙を極めたこともあり、特に進展はなかったらしい。

が、１９２１年、リディアは破局してバレエ団に復帰。そして『眠れる森の美女』こと『眠り姫』の主演を務めるが、とんでもない不評を買う。が、ケインズだけは初日から無人に近い劇場に連日通い詰め、かなり積極的なアプローチを即座に開始する。そして生活面で苦しんでいたリディアにあれやこれやと支援の手を差し伸べ、だんだん近しくなり、ついには１９２５年に結婚までしてしまう。

バレエの歴史に詳しい我が友人に言わせると、当時の基準からすればこれはかなりのミーハー趣味。まして40前後の同性愛のおっさん（しかも超一流文化人）がそれにはまって、挙げ句の果てに結婚してしまうというのは大騒動、いまなら連日ワイドショーでトップ扱いの大ネタだとのこと。

この評価がどこまで適切なのかは知らないながら、それがスキャンダルとは言わないけれど、一大ゴシップの種だったのはまちがいないところ。これは当時もいまも同じで、各種伝記も、リディアがケインズを落としたテクニック（いろんな意味で）についてゲスな勘ぐりを展開している（ものもある）。

以前／現役のボーイフレンドたちは（自分も結婚して子供まで作っていたくせに）えらくショックを受け、またブルームズベリーグループの人々は、ハイソでタカピーな面を全開にして、いやあケインズもあんな無学な女と結婚とはね、と上から目線の嘲笑と不満を露わにしている。中でもその女王さま格とも言うべきヴァージニア・ウルフはことのほかお腹立ちで、愛人ならさておき結婚はいかがなものか、あんな頭の空っぽな女がうろつくようではここらの知的水準が下がる、とかなり後まで方々に愚痴をたれている。

ケインズは、リディアとの関係を守るため、ボーイフレンドと別れ、そしてこのブルームズベリーグループとも距離をおいて、ケンブリッジ芸術劇場の立ち上げを含む独自の芸術支援や経済学研究に時間を割くようになり、本書もある意味でそのおかげで生まれたものでもある。

それ以外にもケインズは、投資家としても活躍している。まず、『平和の経済的帰結』をまとめたことでドイツ経済の将来動向は見切った！　と確信し、友人とファンドまで作ってＦＸでマルク下落に大きく張ったら、いきなり市場がドイツを楽観視するようになってマルクが上がりはじめ、大損をこいてそのファンドは破綻した。株ももともとは短期保有で銘柄をチマチマ入れ替えるスタイルで、さらに商品先物でいい気になっていたら大損をこいて、お父さんに泣きついて穴埋めをしてもらっている。本書に登場する資本市場観は、そのときの恨みも多少は反映されているのだろう。その後は、底値で買って長期保有というスタイルに変更し、かなりの成功を収めている。これにより自分自身も金持ちになっているし、また所属先キングズカレッジの基金をこの方式で運用し、何倍にも増やすという成果を挙げている。ただしこのスタイルは、市場が暴落して評価損が出ても売り急がず、ずっと保有を続けるというもので、早めの損切りをすすめる一般的な投資スタイルとは相容れない。おかげでいろいろな対立もあったらしい。

　またニュートンに入れ込んで、彼の遺稿などの分析から、ニュートンは現代物理学の開祖というより（あるいはそれと同時に）、実は最後の錬金術師とも言うべき存在だったことを明らかにしている。科学者ネタついでに、彼がアインシュタインとの出会いを描いた小文がある（『人物評伝』所収）。が、これがすごい。強欲銭ゲバ金融支配ユダヤ人というステレオタイプを盛大に垂れ流し、平然と反ユダヤを公言しているのだ。

　こうした見方は当時の欧米ではかなり通俗化していた。ケインズも時代の偏見からまったく自由だったわけではない。優生学にも傾倒していたし、エリート主義的な社会観は明らかに持っている。それを屁理屈でごまかそうとする信奉者もいるけれど、彼が完全無欠の聖人ではなかったことを認めても、それでケインズの評価が変わるものではないはずだ。

これ以外にも、本当にケインズのネタは尽きない。ベルサイユ講和会議やブレトン＝ウッズ会議での逸話なんかも、触れ始めるときりがないのでやめておくが、こうした多面的な人物だったからこそ、既存の枠に捉われない多様な見方ができて、『一般理論』のようなブレークスルーも可能になったのだ、という見方もある。

が、どうなんだろう。ケインズに直結する現代経済学者の一人、ポール・クルーグマンは自分の研究者人生を語るにあたり、「我田引水ながら、波瀾万丈の人生を送ったからって、別に優れた研究者になれるわけじゃない」と多少の自嘲を込めて語っている（彼は平凡なアメリカ郊外住宅地の、波瀾のかけらもない中流育ちだ）。さらにケインズの生涯の様々な出来事と研究との関係について、何を言うにしてもこじつけめいたものになるのは避けられまい。仮に豊かな人生経験がケインズの傑出した業績につながったとしても、それを再現できるわけじゃなし。ゴシップはゴシップとして楽しく消費し、あまり深読みしないのがたしなみというものだろう。

6 ケインズと経済の現在・未来

実務家としてのケインズ

ただ、ケインズの経歴（いや、別にゴシップのほうではない）を見て一つわかることがある。ケインズは、経済学者だった時期よりも、政治経済実務家として活躍していた時代のほうがずっと長いということだ。彼の経済学的な業績も、官僚としての実務に基づくものばかりだ。初期の経済学的な貢献は、インドでの通貨と財政政策についての研究で、インド省での経験（1年強とはいえ）が元になっているし、それを買われて政府委員会に招かれ、自分の理論をどう政策的に応用するかを提言して高い評価を得ている。その後、彼を有名にした大蔵省官僚としてのドイツの戦後賠償問題は、賠償金支払いとそのための外貨獲得の輸出振興、さらに為替レートが持つ循環的な関係に注目することで、その後のマクロ経済的な考え方の基盤となった（とも見られる）。第二次世界大戦後の、ブレトン＝ウッズ体制につながる実務交渉とそこから生まれた知見も、ケインズがもう少し長生きすれば、予定されていた『一般理論』続編に盛り込まれたかもしれない。

一方、ケインズは知的好奇心にあふれてはいたし、子供時代から天才ぶりを発揮してはいたけれど、学者としての生き方にどこまで魅力を感じていたのかははっきりしない。学生時代のサロンで、経済問題についてもいろいろ議論はしている。でも、その若き時代から当時の経済学会のドンであるアルフレッド・マーシャルに請われても、なかなか経済学の道を歩もうとはしなかった。確かにその後、だんだん経済学に傾倒してはいった。そしてもちろん、論文も結構書いたし、学派も立ち上げて経済学への影響はとんでもないものだった。でも彼はそれを学者として、学問的発展を考えてやったんだろうか？

政策に十分なだけの理論?

ブルームズベリーグループの中心人物だったヴァージニア・ウルフは、おもしろいことを言っていたそうだ。ケインズは実は経済学なんか本気ではなく、片手間のお遊びとして学者どもを茶化すためにやっていたのだ、と。

これを額面通りに受け取っていいものかどうか。でも、ヴァージニア・ウルフはケインズととても仲良しだったし、まったくのデタラメとも思えない。何かそう思わせるようなことを本人が口走っていたんだろう。それにさっき、『一般理論』は嫌みがすぎる、という話をした。そうした部分は明らかに、「学者どもを茶化す」ことを狙ったものだ。そうした部分の比重の多さは、ウルフの言うことにも一理……とまではいかなくても、五分の理くらいはあるのかもしれない、と思わせる。

が、まあそれだけが動機でこれほど面倒な本を書いた、ということもないだろう。彼は確かに、しっかりした理論を構築しようとはしていた。理論は理論として整合性ある形でまとめようとしたし、それを知的パズルとしても楽しんでいた様子は見られる。

でも、「しっかりした」理論というのは必ずしも、学術的にしっかりした、つまり「精緻で厳密な」理論ということではなかったのかもしれない。ケインズは、理論なんて政策に使えるだけあればいい、と思っていたふしはある。これはケインズの伝記を書いたハロッドも指摘している。完璧な理論なんか必要ない。むしろ、経済学のための経済学、精緻化のための精緻化を、ケインズは軽視……いや、ヘタをすると危険視していた様子さえある。

それは、『一般理論』できわめて明瞭に述べられている、数式化への反発にはっきり見られる。さらに本書の発表後、支持者たち（通称ケインズサーカス）は『一般理論』の数理モデル化をいっしょうけんめい提示したけれど、ケインズはそれをはっきり嫌がったと言う。どうせマクロ経済なんて、そんな精緻にコントロールできる代物ではない。厳密な数理モデルを構築したところで、その通りにできるわけでもない。そのときの問題にあわせて、大ざっぱな理論とモデルを構築し、それに応じた政策を立案できればいい。

ケインズの伝記作家として名高いスキデルスキーは、ケインズのアプローチについて、不確実性があるところで変に厳密さを追求し、硬直してしまうのが諸悪の根源だとケインズは考えていたらしいと言う。これはコンピュータ業界での「ハッカー（手段を問わず実際に問題解決のできるプログラマ）は正しいことを雑にやり、スーツども（まともな問題解決のできない社畜を指す侮蔑表現）はまちがったことを厳密にやりたがる」という話とも通じる。インターネットの運用原理として「大ざっぱな合意と動くコード（rough concensus and working code)」というものがある。無意味に細かく詰めなくてもだいたいのところさえ決めればいい。そして、とにかくそれを元に、動くコード／プログラムができないと話にならない。このやり方が初期のインターネットの発展を支えてきた。ケインズのやり方も、それに似ている。

先ほど、ケインズ理論のいいところも悪いところも、その大ざっぱなところ、雑なところにあると述べた。ケインズに対する批判は山ほど読んだけれど、その中にあったのが、ケインズはむしろ政策のアイデアが先に頭にあって、それを正当化するために雑な理屈をでっちあげただけだ、というものだった。これは結構ありそうだし、まさに先の「大ざっぱな合意と動くコード」の考え方そのものだ。そして、それは結果的にはよいことだった。目先の問題、たとえば賃金が下がらないという状況があって、何やら深い理由でそれが行き詰まっているなら、むしろ考察の枠組みを変え、そもそもの目先の問題自体を短期的にせよ回避する新しいアプローチを、雑でいいから造り上げればいい。完璧ではなくても、対症療法的でも、何もしないよりはいい。精緻な理論を構築したところで、そこから使える政策が出てこないなら、何の役に立つ？　ヒックスの言う通り、それは何を前提とするかを変えただけ、かもしれない。でもそこから出てくる政策は、場当たり的ながら決してピントはずれではないことが示された。そして長期的には何とやら。ケインズは短期を重視していた。場当たり的だろうと、それで短期的に事態が改善するなら何が悪い？

長期より短期：経済の未来への希望

短期の目先の状況さえ、場当たり的に乗り越えられればいい――ケインズ理論はそんないい加減なものじゃないぞ、と怒る人もいるだろう。でもぼくは、そういう面は確実にあったと思う。というのも、彼は長期のことなんかまったく心配していなかったからだ。ウォール街大暴落の直後の１９３０年、世界大恐慌が始まって、世界が経済のすさまじい深淵をのぞきこんで震撼していたまさにそのとき、彼は有名なエッセイ「孫たちの経済的可能性」を書く。孫たちの時代、つまり半世紀もすれば経済はどんどん成長し、社会はすさまじく豊かになり、人々は1日3時間しか働かずにすむようになって、むしろ暇つぶしに苦労するようになるだろう、という見通しを描いたエッセイだ。これまたネット上に拙訳が上がっているので、是非お読みいただきたい。

世界が20パーセント超のすさまじい失業率にあえぎ、資本主義に未来があるかどうかも危ぶまれていたときに、ケインズはこんな楽観論もいいところの未来像を平然と描いてみせた。いまさえ乗り切れば——短期の問題さえ片付けば——長期なんか経済は勝手に自分の面倒を見るだろう、とケインズが考えていたのは、ぼくは明らかだと思う。ケインズは経済成長を否定していた、なんて話をときどき聞くけれど、そんなことは絶対ありえないとぼくは思う。『一般理論』は失業が大きな課題だったから、経済成長があまり言及されていないというだけだ。

ちなみに多くの人は、「孫たちの経済的可能性」でのケインズの予想がはずれた、と考える。いまや本当に90年以上たって、人は相変わらず朝から晩までヒイコラ言って働いている。暇つぶしに苦労するどころではないだろう、というわけだ。

が……ぼくは必ずしもそうは思わない。まず、なんだかんだ言って、国別に見ると豊かになればそれだけ労働時間は減ることが実証されている。さらにいま生まれている仕事の多くは、人のお世話係だ。看護や介護の仕事も増えている。でも日本に関する限り、病院というのは実は老人の暇つぶし機関という側面すらある。それ以外でも、トレーナーだのユーチューバーだの、新しく登場しつつある仕事の多くは、基本的には他人の暇つぶしに奉仕する仕事だ。ある意味でぼくたちは、人を雇ってまで暇つぶしをしなくてはならない状態になりつつあるとも言える。ベーシックインカムの議論も、この文脈で別の捉え方ができるんじゃないかとすら思う——が、それはまた別の機会に。

そして、経済の長期的な未来に関する楽観的な見通しは、たぶん彼の人生におけるとても享楽的な部分（前出のゴシップ系も含む）の大前提になっていたんじゃないかとも思う。

ケインズにシャンパンを

たぶん、そうしたケインズの持つ楽観論と、それと対になった享楽的な部分については、多くの人が何かしら感じるところがあるのだろう、と思う。彼の辞世の言葉は「もっとシャンパンを飲んでおくんだった」だった……という話が、英語圏では広まっている。これが彼一流の茶目っ気にせよ、本気だったにせよ、ここで少し述べたケインズ像とはかなり整合性がある。

ちなみに、実はこれ、まったくのウソだ。いや、そういう話が出回っているのは本当なんだが、ケインズは死に際にそんなことは言わなかった。というか、言えなかった。心臓麻痺でぽっくり逝ったので、悠長に辞世の句なんかを遺す余裕はなかったのだ。

が、それ以前の数年で、これに類する発言をしていたことはハロッドも述べている。各種の追悼記事でそれが紹介され、いつの間にやら辞世の一句にされてしまった、というのが実情らしい。そしてそれが広まったのは、それが当時からケインズの持っていた享楽的なイメージをよく捉えているからだろう。

経済学者の話をするときには、しばしば、経国済民とか言ってまじめくさった話をするのが常道だ。このえらい先生は困窮する民草を懸念し、真剣にその解決を目指しておられましたとか、みんな眉根を寄せた辛気くさいことを言いたがる。ケインズにもそういう部分は確かにあった。無茶な賠償により困窮するドイツ国民を心配した『平和の経済的帰結』も、失業に苦しむ人々を懸念した本書『一般理論』も。

でも、その背後には経済と社会の未来についての明るい楽観論があった。ペシミズムに走るのは実に簡単だし、ケインズの身の回りにも安易な悲観論はいくらでもあった。でも彼はそんなものに流されたりはしない。いまを（雑にでも構わないから）乗り切れば世の中ずっとよくなるのだ、という希望と確信を抱き続けていた。そしてその確信を行動で示さずしてどうする？　明るい未来の果実を自ら楽しまずして何の人生か？　それが背景にあるからこそ、『一般理論』はいまなお力を持ち続けている。

『一般理論』を読めば、そうしたケインズの希望と確信も見えてくるはず……というのはいささか言いすぎかもしれない。でも、それまでとはまったくちがう経済の見方を提示して、それにより世界の見方が一変する興奮は『一般理論』からはっきりと感じ取れる。願わくは、本書がその一端でもお伝えできたことを祈りたい。それはケインズが、自分の信じた未来を実現すべくつくり出した見方であり、それが80年たってもなお力を発揮し続けてくれている。ケインズの「孫たち」の時代に生きるぼくたちはどうだろうか。彼の信じた未来を実現し、享受するだけの力を尽くしているだろうか。そしてそのための希望と確信を、ケインズのように抱けているだろうか。ケインズが飲み足りなかったシャンパン（でなければビールでも日本酒でもコーヒーでも）を飲みつつ、本書を見てそんなことを考えていただければ幸いだ。

あとがき

本書の執筆にあたっては、もちろんケインズおよびその周辺に関する様々な本を参照している。が、何よりも参照したのは、『一般理論』を筆頭に、ケインズ自身の文章だ。

そもそも本書誕生のおおもとは、ぼくが『一般理論』を翻訳で読もうとしてそのあまりの意味不明さとまちがいの多さに怒り狂い、自分で勝手にネット上で要約を作り、そのついでに全訳までしてしまったことだった。確かに、ケインズはわかりにくい部分はある。が、言われるほどではない、というのがそのときの印象だった。しかもそのわかりにくさは、理論よりはむしろケインズの書きぶりやちょっと古びた文体のせいが相当部分を占める。それを改めたら、少しは見通しがよくなるのでは、というのが本書の発端だ。

ついでに、おもしろがってケインズの他の主要著作や雑文も次々にネット上で翻訳してしまった。単行本として出た著作の半分は訳したことになるんだろうか。確かに彼はとても幅の広い楽しい著者だ。そして、それをたくさん訳して読んだことで、様々な点についてのケインズの立場も、ずいぶん理解しやすくなった。ほとんどの既存の翻訳はそのおもしろさや、茶目っ気たっぷりの楽しさをまるで伝えられていないのは本当にもったいないし、またケインズの考え方の理解もずいぶん阻害してきたと思う。では、それを理解すると何が見えるのか？　それも伝えたいとは思った。

同時に、ケインズとその理論は、極端なシンパと極端なアンチを生み出しやすい。本書のために各種解説書を読んだけれど、ケインズはまったくのあんぽんたんで、それが流行ったのはアカの陰謀だという本か、あるいは経済のすべてを見通す不世出の天才で、それが一時劣勢になったのは新自由主義のサッチャリズムやレーガノミックスの陰謀だという本ばかりで、かなり困惑させられた。このどっちも変じゃないだろうか。どっちの立場も陰謀論だ。そしてあるいは世間がなぜか数十年にわたり、いきなり全員バカになったと思わないと話が通らなくなる。そんなはずはないだろう。もう少しマシな解説書があるべきだ。

一方的にケインズ理論の素晴らしさ／ダメさ加減をまくしたてるだけでは何もわからな

い。ぼくはケインズはおもしろいとは思うけれど、信者ではない。ケインズ理論の興亡と復活には、理論自体の長所短所が関係しているはずだし、それが外部条件とどんなふうに相互作用したか、というのが効いているはずだ。なぜケインズ理論の評価は、突然１８０度変わってしまうのか？　それをある程度おさえないと、ケインズがいいとか悪いとかいうのは、単なる立場表明や信仰告白になってしまう。

そんなことを考えてできたのが本書だ。

本当は、こんな解説を読むよりは、ケインズの書いた文章そのものを読んでほしいとは思う。そのため、この『一般理論』をはじめ、ぼくの訳したケインズ著作へのリンクをすべて、以下のサポートページにまとめておく。

https://cruel.org/books/hy/shortkeynes/

『一般理論』の面倒さを見て敬遠する人が多いけれど、『人物評伝』などの各種人物評なんかは、本当に楽しいし、彼の気楽に書き殴った雑文も実におもしろい。本書をきっかけに、そういうのを手にしてくれる人が増えれば、ぼくとしては願ったりかなったりではある。

そうは言うものの、ケインズの著作をたくさん訳して精読したとはいえ、ぼくは決してケインズ研究者ではない。おそらくかんちがいや誤解もあるだろう。お気づきの点があれば、ご一報いただければ幸いだ。誤植誤変換、各種訂正なども、このサポートページで随時公開する。

本書の企画を思いついて声をかけてくれたのは、東洋経済新報社の矢作知子氏だった。ありがとうございます。この次のヤツも、早めにあげますので!

２０２１年１月

コロナ戒厳令下の東京にて

山形浩生〈hiyori13@alum.mit.edu〉

【原著者紹介】
ジョン・メイナード・ケインズ（John Maynard Keynes）
1883年イギリスに生まれる。1905年ケンブリッジ大学キングズカレッジ卒。
マクロ経済学の基礎を確立した、20世紀を代表する経済学者。1946年没。
著書に、『雇用、利子、お金の一般理論』、『確率論』、『貨幣論』など。

【編・訳・解説者紹介】

山形浩生（やまがた　ひろお）

評論家、翻訳家。東京大学大学院工学系研究科都市工学専攻修士課程およびMIT不動産センター修士課程修了。開発援助関連調査のかたわら、小説、経済、建築、ネット文化など広範な分野での翻訳および雑文書きに手を染める。

主な著書に、『新教養主義宣言』（河出文庫）、『たかがバロウズ本。』（大村書店）など。

主な訳書に、ケインズ『雇用、利子、お金の一般理論』『お金の改革論』（講談社学術文庫）、クルーグマン『クルーグマン教授の経済入門』（ちくま学術文庫）、『国際経済学：理論と政策』（丸善）、ピケティ『21世紀の資本』（みすず書房）、アカロフ&シラー『アニマルスピリット』『不道徳な見えざる手』（東洋経済新報社）、バナジー&デュフロ『貧乏人の経済学』（みすず書房）ほか多数。またネット上でケインズなどの著作の多くを翻訳公開。https://cruel.hatenablog.com/

超訳　ケインズ『一般理論』

2021年3月18日発行

原著者――ジョン・メイナード・ケインズ
編・訳・解説――山形浩生
発行者――駒橋憲一
発行所――東洋経済新報社
〒103-8345　東京都中央区日本橋本石町 1-2-1
電話＝東洋経済コールセンター　03(6386)1040
https://toyokeizai.net/

ブックデザイン……橋爪朋世
D T P……………アイランドコレクション
印　刷……………図書印刷
編集担当…………矢作知子
 Printed in Japan　ISBN 978-4-492-31535-4